¡QUIERO SER RICO!

Planificación Financiera Para Jóvenes

Karin Humbolt

The Reynolds Publishing Company

Overland Park, Kansas

¡QUIERO SER RICO!...PLANIFICACIÓN FINANCIERA PARA JÓVENES
por Karin Humbolt

Library of Congress Control Number: 2020909378
ISBN: 978-0-9665128-8-5

Publicado y distribuido en los Estados Unidos de América por:

The Reynolds Publishing Company
Overland Park, Kansas 66282

Impreso en los Estados Unidos de América

Este libro está dedicado

a mi padre, un hombre amable y cariñoso quien me mostró el

camino.

K.H.

RECONOCIMIENTOS

Deseo expresar mi agradecimiento a Steve Gilbreath por su labor en la cubierta de este libro y sus dibujos ilustrados de "Hal."

Y a todas mis amistades las cuales han compartido sus sueños y me han permitido ser parte de esos sueños.

ÍNDICE

ÍNDICE

CAPÍTULO 1

INTRODUCCIÓN

Equilibra Tu Vida Y Tu Dinero

¿Alguna vez has querido comprar algo y no has tenido como pagarlo? Si tu respuesta es "Sí," entonces el libro *¡Quiero ser Rico! …Un Módem para Jóvenes Sobre el Dinero* es para ti.

¿Te gusta el dinero? ¿Oyes hablar a los periodistas, maestros o amistades sobre la bolsa de valores y te preguntas de qué están hablando? ¿Cuándo oyes hablar del **Índice Dow Jones** le encuentras tanto sentido como la clase de idioma extranjero que no has podido llegar a entender completamente? Si tu respuesta es "Sí," este libro es para ti.

¿Deseas asistir a la universidad, pero no sabes como tú o tu familia pudieran pagar por ella? ¿Estás interesado en conseguir un trabajo, sin embargo, no sabes como encontrar uno que pague más que el salario mínimo? ¿Tienes suficiente dinero?

Éstos son algunos de los temas que se cubrirán en este libro; gastos, ahorros, y la inversión de dinero... también conocidos como administración financiera.

Como **asesor de capital neto**, ayudé a adultos a alcanzar independencia financiera. Muchos de mis clientes eran maestros de kindergarten hasta 12 grado y profesores universitarios. Realmente, mis clientes no son nada diferente a ti en cuanto a sus conocimientos o falta de conocimientos sobre las inversiones y la administración financiera.

Hace años, cuando yo era muy joven, heredé algún dinero. ¿Cuál fue el resultado? Lo gasté con mucha rapidez en cosas **frívolas**. Si yo hubiera invertido ese dinero, hoy esos $20,000 con un promedio de **ganancias** del 5% valdrían aproximadamente $41,500; con un promedio de ganancias del 10% valdrían $83,500; ¡y si el promedio de ganancias hubiera sido del 15% hoy valdrían $163,000!

En aquel momento parecía una buena idea. Pero créeme, es más fácil gastar dinero que adquirirlo. Me convertí en un consejero de capital neto; así no cometería nuevamente ese error.

Mi interés en escribir este libro fue generado por la petición de una maestra/cliente de dirigir un seminario de administración financiera para su clase de décimo grado. Después de mi presentación, jóvenes como tú me inundaron con preguntas. Las preguntas que me hicieron fueron muy variadas desde ¿Cómo cuadrar o conciliar una chequera?, hasta ¿Qué es un fondo mutuo?

Ese día aprendí una valiosa lección. ¡Los jóvenes tienen tanta curiosidad, preguntas, y conceptos equivocados sobre el dinero y las inversiones como los adultos!

Si yo te pudiera enseñar como hacer $1,000,000 ¿estarías interesado? La mayoría de las personas estarían interesadas. Sin embargo, con el aumento diario del precio de los productos y servicios (comúnmente llamado **inflación**) puede que un millón de dólares no sea suficiente. ¿Difícil de creer? Éste precisamente es el propósito de este libro... ayudarte en términos simples a entender la administración financiera y como generar dinero del mismo dinero.

Por favor ten presente, que este libro es un manual básico sobre la administración financiera para los jóvenes. Ésto es solo el principio de lo que tú debes dedicarte a explorar a lo largo de tu vida... el dinero, como retenerlo, ahorrarlo, y hacer dinero de él.

Mi intención al escribir este libro es proporcionarte sugerencias para eliminar el misterio de la administración financiera. Como iniciar buenos hábitos de ahorros y gastos, recomendaciones sobre las inversiones, y consejos prácticos para acumular a largo plazo más dinero que tus padres o abuelos.

Al principio de este capítulo aparece la caricatura del personaje "Hal" sujetando un símbolo circular llamado **yin y yang**, una filosofía china con la creencia que por cada acción existe una reacción opuesta. Yin y yang representan la necesidad de equilibrio. También necesitamos equilibrio con respecto a la administración financiera.

¡Debe complacerte saber que uno de los secretos más grandes para acumular dinero y riqueza es el tiempo! Y como estás joven, el tiempo está a tu favor. Puede que no solo por saber el secreto del tiempo te vuelvas millonario, pero puedo asegurarte que si lees este libro y pones en práctica los consejos prácticos y sugerencias contenidas en él, tendrás más conocimientos que la mayoría de los adultos acerca del dinero y como hacer dinero.

A lo largo de este libro, veras distintas palabras destacadas en **letra negrita**. Cuando una palabra en letra negrita no te es conocida, dirígete al glosario en la parte posterior de este libro y estudia su definición. Si una palabra no se encuentra en letra negrita y no conoces su significado, busca su definición en tu diccionario. Esta costumbre de estudiar las definiciones de palabras desconocidas te ayudará a entender mejor el tema.

Te recomiendo que tengas a mano un cuaderno, plumas y lápices mientras lees este libro. Algunos capítulos contienen ejercicios de práctica para lo que necesitaras estos materiales.

La sección *Fuentes de Información Adicional* adjunta en la parte posterior de este libro aumentará aún más tus conocimientos sobre la administración financiera, y te sugiero que saques provecho de estas fuentes de información.

¿Cómo comenzar a acumular dinero? Continúa leyendo el *Capítulo 2 – ¡Establecer Metas!*

CAPÍTULO 2

ESTABLECER METAS

Tu Primer Paso Hacia La Independencia Financiera

Primero que nada, para acumular dinero se necesita fijar e **implementar** metas.

El *Diccionario Webster's New World* contiene la siguiente definición para la palabra meta: "1. la línea o lugar donde termina una carrera, viaje, etc.; 2. un objeto o fin por el cual uno se esfuerza en lograr; aspirar."

¿Por qué establecer metas? ¡Porque necesitas un punto de partida y un objetivo! Si no sabes a lo que aspiras o a donde vas, las posibilidades de lograr algo valioso son escasas o nulas.

Imagínate que vas a tomarte unas vacaciones a un lugar donde no has viajado anteriormente. Si no sabes como llegar a tu destino o no tienes un mapa de carreteras, tu viaje puede hacerse muy difícil.

Establecer metas es la mejor manera de comenzar tu viaje hacia el éxito económico. ¡Tus metas serán tu mapa de carretera hacia la independencia financiera!

He aquí algunas preguntas que debes hacerte antes de fijar tus metas:

1. ¿Qué metas financieras deseo lograr? ¿Deseo comprar un teléfono celular, ropa nueva, una computadora, un carro, pagar la universidad, vivir por cuenta propia, comprar una casa o ahorrar para mí retiro o jubilación?

2. ¿Cuándo deseo alcanzar mis metas financieras? ¿La semana próxima, el mes que viene, en un año o en cinco años? Mientras más tiempo tienes, realmente más fácil es lograr tus metas.

3. ¿Cómo voy a alcanzar mis metas? La respuesta a esta pregunta serán los hechos que harán que tus metas y sueños se hagan realidad.

Te sugiero establecer metas, tanto a corto como a largo plazo. Para muchos adultos, las metas a corto plazo pueden incluir períodos de uno a cinco años. Siendo joven, tu período de tiempo para las metas a corto plazo pueden ser mucho más corto... digamos de uno a seis meses y hasta un año.

Para los adultos, las metas a largo plazo son de cinco años o más, digamos diez, veinte y hasta treinta años. Probablemente esto para ti es poco realista en esta etapa de tu vida. Con el fin de explicar, consideremos que tus metas a largo plazo sean de uno a cinco años.

¡Ahora comencemos!

La regla más importante para establecer metas es:

- ¡Escribe tus metas en un papel! Repite después de mí.

¡Escribe tus metas en un papel!

Ahora toma tu cuaderno y varios lápices con punta. No te preocupes, yo espero.

Comencemos con una práctica para fijar metas a corto plazo. Siéntate a la mesa con este libro, un cuaderno y lápices. Hazte las siguientes preguntas:

- ¿Qué deseo comprar?

- ¿Cuándo lo deseo o lo necesito? (Por favor se realista)

- ¿Cuánto dinero voy a necesitar?

- ¿Cómo voy a ganar el dinero?

Según contestas cada pregunta, enuméralas y anota tus respuestas. Por ejemplo:

1. ¿Qué es lo que deseo comprar? Un reproductor DVD.

2. ¿Cuándo lo deseo o lo necesito? En tres meses para mí fiesta de cumpleaños.

3. ¿Cuánto dinero voy a necesitar? $105. (Fíjate: Tú deseas comprar un reproductor DVD en tres meses, lo que equivale a doce semanas, por lo tanto divide $105 entre doce semanas.)

$105 por un reproductor DVD ÷ 12 semanas = $8.75 por semana

4. Esto equivale a $8.75, la cantidad que necesitarás ahorrar cada semana para poder comprar el reproductor DVD.

5. ¿Cómo voy a ganar el dinero? La respuesta a esta pregunta puede ser más difícil. Aquí tienes algunas sugerencias: Concesiones. Quehaceres específicos para tus padres, familiares adultos vecinos o amistades adultas de tus padres. Trabajo de medio tiempo. (Fíjate: Aquí es cuando siendo joven y no teniendo acceso fácil de transporte necesitas volverte creativo.

Ahora hablemos de metas a largo plazo:

1. ¿Qué deseo comprar? Un automóvil.
2. ¿Cuándo lo deseo o necesito? (La próxima semana, pero tu mamá y papá no te dejaran manejar hasta que cumplas dieciséis años.) Esto es en tres años.
3. ¿Cuánto dinero voy a necesitar? $5,000 (Obviamente, estamos hablando de un automóvil usado. Lo que es realista se puede obtener.) Bien, $5,000 dividido entre 3 años equivale a $1,667 al año. $1,667 dividido entre 52 semanas por año, equivale a $32.06 por semana.

$$\$5,000 \div 3 \text{ años} = \$1,667 \text{ por año}$$

$$\$1,667 \div 52 \text{ semanas} = \$32.06 \text{ por semana}$$

¿Te parece que obtener $32.06 a la semana es más fácil que $5,000? Por supuesto, si tu mamá o papá están leyendo esto por detrás de ti, seguramente ellos le añadirán costos que tú no has considerado... como impuestos, licencias y seguro. No te preocupes, esto lo cubriremos en el *Capítulo 4 – Preparar un Presupuesto... No Tiene Que Ser un Rompecabezas.*

4. ¿Cómo voy a ganar el dinero? (La respuesta a esta pregunta realmente puede ser semejante a la respuesta para las metas a corto plazo.) Concesiones. Quehaceres específicos para tus padres, familiares adultos, vecinos o amistades adultas de tus padres. Un trabajo durante en el verano de medio tiempo o tiempo completo.

Cuando plantees el tema de "¿Cómo voy a ganar el dinero?" Ya sea para metas a corto o largo plazo se creativo. Por ejemplo, muchos lugares en los Estados Unidos tienen días de nieves. La próxima vez que pierdas días de escuela por causa de mucha nieve ¿Por qué no actuar como un **empresario**? En lugar de mirar televisión o dormir… gana dinero paleando la nieve que cubre la entrada a los garajes o aceras. Puede que te sorprendas la cantidad de trabajos que vas a obtener de personas adultas, ya sea porque son personas de edad, haraganes, en mal estado físico o muy ocupados para palear la nieve ellos mismos.

Además, muchos adultos están emprendiendo negocios pequeños en sus hogares. Un negocio pequeño necesita documentos escritos en la computadora y archivados. ¡Cualquier trabajo de oficina es más fácil que palear nieve!

Fíjate: ¿Estás interesado en ser empresario y dueño de tu propio negocio? No te preocupes, cubriremos ese tema en el *Capítulo 15 – Tú Eres Tu Propio Jefe*.

Para cada una de tus metas, lleva a cabo la práctica mencionada anteriormente. Te sugiero que hagas dos listas por separado. Una para las metas a corto plazo y la segunda para las metas a largo plazo. No establezcas muchas metas a la vez. Comienza con dos o tres metas en cada categoría.

La segunda regla para establecer metas es:

- Revisa tus metas a menudo. En otras palabras, no escribas tus metas en el cuaderno y te olvides donde lo pusiste.

Es bueno establecer el habito de revisar tus metas una vez al día. Simplemente, toma unos cinco minutos y en voz alta lee tus metas y como vas a lograr esas metas. Sí … repítelas en voz alta. También es importante mirarte en el espejo mientras repites estas metas, para reenforzar tus metas.

En el libro de Napoleon Hill, *Piense y Hágase Rico,* se habla de la importancia de diariamente repetirse a si mismo las metas. La teoría es que mediante la repetición, tus metas se graven no solo en la parte conciente de tu mente, pero también en el subconsciente de tu mente. En otras palabras, cuando tú vives, respiras y sientes tus metas, también comenzaras a alcanzar tus metas.

La tercera regla para establecer metas es:

- Cambia tus metas solamente si es necesario.

Por último, escoge tus metas habiéndolas pensado bastante y continúa con ellas. Sin embargo, cambios en circunstancias pueden necesitar de vez en cuando cambios en las metas. No te recomiendo cambiar tus metas a menudo o sin pensarlo bastante. Si necesitas cambiar algunas de tus metas financieras, regresa a la práctica de establecer metas y repite todos los pasos.

Repasemos, para determinar y alcanzar tus metas:

- Escribe tus metas en papel.

- Revisa tus metas a menudo.

- Cambia tus metas solamente si es necesario.

Una de las primeras metas financieras que debes fijar es un plan de ahorro regular. Continúa leyendo el *Capítulo 3 – Ahorrar e Invertir Regularmente* y te estarás encaminando hacia la independencia financiera.

CAPÍTULO 3

AHORRAR E INVERTIR REGULARMENTE
¡El Tiempo Está A Tu Favor!

Ahora que hemos hablado de la importancia de fijar metas, es importante hacer una de *tus metas* el ahorrar e invertir regularmente. El ahorro y la inversión regular es la costumbre de ahorrar y/o invertir dinero de modo regular... ya sea semanal o mensual. Si aprendes una cosa de este libro... aprende a establecer y mantener un plan regular de ahorro y de inversión.

¿Por qué ahorrar regularmente, te preguntas? La razón es esta. Si no ahorras primero, antes de gastar tu dinero, puede que nunca comiences a ahorrar...o por lo menos, no hasta que es sea demasiado tarde.

Como joven, el tiempo está a tu favor. Esa frase es correcta, porque ¡el secreto para acumular riquezas y dinero es comenzar a una temprana edad!

Por ejemplo, suponte que inviertes $2,000 a los 17 años de edad en un **Cuenta Personal de Jubilación (IRA** por sus siglas en ingles) y nunca más inviertes. No tocas esa inversión hasta que te jubiles retires a los 55 años de edad, o 38 años más tarde. Supongamos que tu inversión tuvo un promedio anual de ganancias de 12%, lo cual es aproximadamente el promedio en el mercado de acciones desde el año 1920 hasta la fecha. Prepárate para ésto. Después de 38 años tu inversión de $2,000 podría crecer aproximadamente a $148,359 ¿No es increíble? Pues bien, eso es lo que quiero decir con: "el tiempo está a tu favor".

Para comenzar tu plan de ahorro y de inversión, escoge como meta de ahorro un porcentaje fijo de la mensualidad que te dan tus padres o de tu salario. Antes de gastar el dinero de la mensualidad que te dan tus padres o de tu salario, coloca tus ahorros en una cuenta de ahorros en el banco. Ahorrar primero viene siendo como: "¡pagarte primero a ti mismo!"

La teoría de "pagarte primero a ti mismo" se basa en el principio de: "Si no te pagas primero a ti mismo, nadie lo va hacer por ti". Ésto es tan cierto para los jóvenes como para los adultos.

Al decidir que cantidad vas a ahorrar, se realista. Realista…ahí está esa palabra de nuevo. Por otro lado no tiene sentido intentar ahorrar el 20% de la mensualidad que te dan tus padres cada mes, si siempre terminas sacando dinero de tu cuenta de ahorros porque te quedas corto de dinero para gastar.

Los estadounidenses notoriamente son poco ahorrativos. De acuerdo a *la Oficina del Censo de los Estados Unidos, Resumen Estadístico de los Estados Unidos: 2006*, los estadounidenses ahorran un poco más del 1.2% de sus **ingresos disponibles**. Ésto ha disminuido de un alto de 7.9% de ingresos disponibles ahorrados en 1980, 7.0% en el 1990, 4.6% en el 1995 y del 2.3% en el año 2000.

Por ahora, cuando decidas que cantidad de tus ingresos vas a ahorrar, se realista. Ahorra lo más que te sea posible, pero más importante es comenzar a ahorrar alguna cantidad regularmente.

¿Por qué ahorrar o invertir? Porque hacer dinero del dinero es la única manera que la mayoría de las personas pueden ganar dinero sin tener que físicamente trabajar.

Hay varias formas de hacer dinero del dinero. En este momento, seguramente estas más familiarizado con ahorrar dinero en una cuenta de ahorro en un banco local. La mayoría de los bancos en los Estados Unidos están asegurados a nivel federal, lo que quiere decir, que el gobierno de los Estados Unidos te garantiza fidelidad de compromiso y crédito para recibir del banco cualquier cantidad que hayas depositado en tu cuenta de ahorros más el interés.

La desventaja de ahorrar en una cuenta de ahorros bancaria es que el interés que paga el banco es bajo comparado a las ganancias de otros tipos de inversiones. El interés en las cuentas de ahorros bancarias generalmente varía del 1.5% al 3%, lo cuál no convierten en rico a nadie.

Sin embargo, mantener una cuenta de ahorros bancaria para metas

14

a corto plazo y para emergencias es una buena idea. En efecto, es conveniente ya que tienes acceso fácil a tu dinero, está garantizado, y probablemente no tendrás que pagar multas al sacar tu dinero.

Otro método para ahorrar es invertir en los Bonos de Ahorro de los Estados Unido, éstos pueden adquirirse a través de los bancos. Cuando el bono se cobra en su **vencimiento**, te pagarán el valor nominal del bono. El valor nominal del bono equivale a la cantidad pagada por el bono más los intereses.

Algunas personas les gusta ahorrar invirtiendo en bienes raíces. La desventaja de invertir en bienes raíces es la cantidad tan grande de **depósito inicial** que a menudo se necesita para comenzar. Si pides dinero prestado del banco para comprar una casa, la mayoría de las instituciones de préstamos requieren un 20% de depósito inicial, lo cual puede ser una alta cantidad. Hablaremos más sobre los bienes raíces en *el Capítulo 11 – Bienes Raíces... El Sueño Americano.*

Algunas personas recurren a la colección de estampillas o monedas, tarjetas de béisbol, antigüedades o **lingotes** de oro y plata como inversión. Estos tipos de inversión pueden ser riesgosos y solo son recomendados para los bien informados y aquellos dispuestos a investigar a fondo la inversión.

Como puedes estar enterado, millones de estadounidenses y personas alrededor del mundo invierten en acciones de la bolsa. Una persona que invierte en acciones de la bolsa es básicamente dueña de una parte de la compañía de la que cual compró la acción. Hablaremos de la bolsa de valores en *el Capítulo 8 – Acciones... El Lugar Para Estar.*

Otras personas escogen ser dueñas de una parte de cientos de diferentes compañías al invertir en **fondos mutuos**. Hablaremos de los fondos mutuos en el *Capítulo 9 – Fondos Mutuos…La Inversión que Conveniente.*

Si un individuo prefiere una inversión que pague un ingreso fijo, debe de invertir en **bonos** del gobierno o corporativos. El tema de bonos será cubierto en *el Capítulo 7 – Bonos… La Inversión Conservadora.*

Cualquier método de inversión que escojas, es importante que aprendas tanto como te sea posible sobre ese tipo específico de inversión. En otras palabras, debes convertirte en un experto en cuanto a tus inversiones.

En este momento, lo mejor es abrir tu propia cuenta de ahorro en un banco, una asociación de ahorros y préstamos, o una cooperativa de crédito. Compara precios visitando diferentes bancos. Averigua que tasa de interés pagan y los beneficios adicionales disponibles al abrir una cuenta de ahorros en ese banco. Es bueno comparar, porque la cantidad de interés que paga cada institución de ahorro varía.

Nota: Tener tu propia cuenta de ahorros, al igual que una cuenta de cheques, es una buena manera de establecer buen **crédito**. Tener buen crédito te ayudará a obtener préstamos para automóviles, la universidad, un apartamento o una casa en el futuro. Hablaremos sobre este tema en más detalle en el *Capítulo 16 – Crédito y Tarjetas de Crédito… Advertencia.*

Como se mencionó anteriormente, escoge un porcentaje de la mensualidad que te dan tus padres o ingresos de tu trabajo como meta de ahorro, o querrás escoger una cantidad fija. Recuerda, por ahora, no importa cuanto ahorras, simplemente acostúmbrate a ahorrar.

Tu meta de ahorro puede ser para metas financieras a corto plazo, metas financieras a largo plazo y para dinero de emergencia. Cualquiera que sea el propósito, ahorrar es un hábito importante que debes conservar toda tu vida. Cuanto antes empieces con el hábito de ahorrar, mejor estarás económicamente.

Por lo tanto, recuerda:

- Pagarte primero a ti mismo.
- Decidir la cantidad de ahorros y con la cual puedes vivir.
- ¡No abandonar tu programa de ahorro!

Ahora para sugerencias respecto a cuanto debes de ahorrar y gastar, continúa leyendo *el Capítulo 4 – Preparar un Presupuesto... No Tiene que Ser un Rompecabezas.*

CAPÍTULO 4

PREPARAR UN PRESUPUESTO

¡No Tiene Que Ser Un Rompecabezas!

¿Alguna vez has hecho un viaje a un lugar donde nunca has estado? ¿Buscaras y te esforzaras para encontrar el camino como alguien en la oscuridad sin luz alguna? Sería más lógico seguir un mapa para llegar a tu destinación. Tal es el caso con la planificación financiera. Para llegar a tus metas financiera es importante tener un plan de acción… también conocido como presupuesto.

En este capítulo vamos a preparar tres presupuestos mensuales. Primero, vamos a crear un presupuesto que acomode tu situación presente, conocido como "Ejemplo A - Tu Presupuesto Actual." Segundo, haremos ajustes al presupuesto para ayudarte a aprender como vivir dentro de un presupuesto, a éste lo llamaremos "Ejemplo

B – Presupuesto Ajustado." Tercero, vamos a crear un presupuesto para el futuro cuando vayas a la universidad o vivas solo. Llamaremos este presupuesto "Ejemplo C - Presupuesto Para Cuando Vivas Solo."

¡Comencemos ahora con tu presupuesto individualizado! De nuevo, necesitarás tu cuaderno, y ya que estas en eso, también mantén tu lista de metas a mano.

Si no estas completamente familiarizado con tus hábitos de gastos, te sugiero realices la siguiente práctica. Todos los días anota en tu cuaderno cada centavo que gastas y en que lo gastas. Continúa esta práctica durante el próximo mes. Al fin del mes suma tus gastos. Manteniendo un registro de tus gastos, podrás obtener datos exactos de cuánto estas gastando cada mes. .

Mantener por escrito un registro de todos tus gastos te revela conocimientos muy sorprendentes. Esta práctica debe demostrarte porque a menudo estás corto de dinero, aún cuando recibes de tus padres una buena cantidad de dinero para gastos o ganas dinero porque tienes tu propio trabajo.

Una vez que sepas exactamente lo que vas a comprar y cuanto cuesta, estás listo para crear un presupuesto para tu presente situación… "Ejemplo A – Tu Presupuesto Ahora." En una hoja de papel, haz una columna a la izquierda y nómbrala "Ingresos" y a la derecha una segunda columna y nómbrala "Gastos."

Bajo la columna de "Ingresos" anota mensualmente la cantidad de dinero y como obtuviste ese dinero. Ingresos mensuales incluyen dinero para gastos que te dan tus padres, dinero que ganaste por trabajos a medio tiempo y trabajos a tiempo completo, regalos de familiares, etc. Cuando estés preparando tu presupuesto, el dinero de empleos debe de ser **ingreso neto**, es decir, tus ingresos después que todos los impuestos han sido deducidos.

Bajo la columna "Gastos" enumera tus gastos y la cantidad mensual de cada uno. Tus gastos incluirán cualquier gasto que tus padres esperan que tú pagues o que ellos personalmente no pagan. Gastos que *quizás* quisieras incluir son:

1. Ahorros. Determina la cantidad de dinero que vas a ahorrar cada mes, así sea un porcentaje de tus ingresos o una cantidad fija. Dale el nombre de "Ahorros" y anota la cantidad. ¡No importa si la cantidad es solamente $1.00 al mes! Lo más importante es hacer el hábito de ahorrar y de invertir de un modo regular. De esta forma aprenderás como ahorrar para los boletos del próximo concierto, ropa, un automóvil, fondos para gastos universitarios o para cualquier otra cosa que necesites en el futuro.

2. Diezmo. Ésta es la costumbre de contribuir a una organización religiosa de tu gusto, con un porcentaje de tus ingresos.

3. Artículos personales como champú, maquillaje, corte de pelo y ropa.

4. Gastos de recreación como películas, conciertos, boletos a eventos deportivos y rentas de DVDs.

5. Alimentos como comidas fuera del hogar, meriendas,

almuerzos y cenas afuera.

6. Gastos de transporte. Autobús, subway, taxi, gastos de automóvil como gasolina, cambio de aceite, mantenimiento, reparaciones, pagos de automóvil, seguro, placas y licencias.

7. Gastos misceláneos. Todos los demás gastos.

Ahora totaliza todos los gastos en la parte inferior de la hoja de presupuesto. Si tienes algunos gastos trimestrales, semestrales o anuales, divide la cantidad por el número correspondiente de meses para llegar a la cantidad de dólares mensual. Por ejemplo: Si el seguro de automóvil cuesta $600 dos veces al año, divide $600 entre 6 meses para llegar al costo de $100 al mes por seguro de automóvil.

El joven en el "Ejemplo A" tiene algo en común con muchos estadounidenses de hoy. Este individuo está tratando de gastar más dinero del que gana, según puedes ver con la **pérdida neta** de $159.00 por mes.

EJEMPLO A - TU PRESUPUESTO AHORA

INGRESOS		GASTOS	
Dinero para gastos	$ 40.00	Ahorros (10%)	$ 24.00
Trabajo de medio		Personal	$ 60.00
tiempo (neto)	$200.00	Diversión	$ 80.00
		Comida	$ 75.00
		Transporte	$160.00
Total de Ingresos	$240.00	Total de Gastos	$399.00
Beneficios Netos	$0		
Pérdida Neta	($159.00) por mes		

En la parte inferior de tu presupuesto personalizado, sustrae tus gastos totales de tus ingresos totales. ¿Estás tratando de vivir más allá de tus ingresos? Si tus gastos son más que tus ingresos, necesitarás hacer algunas modificaciones. He aquí algunas sugerencias:

1. Sacrifícate saliendo menos o encontrando alternativas menos costosas. Posiblemente esto sea una opción difícil, pero para algunos jóvenes ésta es la única categoría donde pueden reducir los gastos.

2. Trabaja más horas o busca un empleo que pague mejor.

3. Negocia con tus padres para recibir más dinero para gastos tomando más tareas de responsabilidad en la casa.

4. Come menos fuera. Cocinar en la casa es menos costoso que comer fuera.

5. Si manejas un automóvil, vigila tu consumo de gasolina. Salir cuesta $$$.

"Ejemplo B - Presupuesto Ajustado" ofrece algunos consejos prácticos para asegurar que tus ingresos excedan tus gastos. Por ejemplo, nuestro joven **negocia** un acuerdo para recibir de los padres una mensualidad más grande a cambio de hacer más trabajos en la casa. El aumento en la mensualidad representa $40.00 de ingresos adicionales al mes.

En un principio los gastos de diversión eran altos comparados con la cantidad de ingresos. Nuestro joven ahorró $40 al mes rentando los DVD en lugar de ir al cine, y mirando los eventos deportivos en la televisión en vez de ir a verlos en persona.

Los gastos de comida también estaban altos. Comiendo en la casa más, nuestro joven redujo este gasto por $45.00 al mes.

También se redujeron los gastos de transporte. Manejando menos redujo el costo de transporte a $60.00 al mes.

Dado que los ahorros están basados en el 10% de ingresos, los ahorros mensuales han aumentado a $28.00 por mes. Sin embargo, debido al aumento en los ingresos y la disminución de los gastos, nuestro joven tiene ahora un **ingreso neto** de $22.00 en lugar de una perdida neta.

EJEMPLO B – PRESUPUESTO AJUSTADO			
INGRESOS		**GASTOS**	
Dinero para gastos	$ 80.00	Ahorros (10%)	$ 28.00
Trabajo de medio		Personal	$ 60.00
tiempo (neto)	$200.00	Diversión	$ 40.00
		Comida	$ 30.00
		Transporte	$100.00
Total de Ingresos	$280.00	Total de Gastos	$258.00
Ingreso Neto	$ 22.00		
Pérdida Neta	$ 0		

Sin duda, tú también puedes pensar en algunas ideas para aumentar tus ingresos y reducir tus gastos. De ninguna manera te sugiero sacrificar tus deberes escolares o diversiones. ¡Sencillamente ajusta tu presupuesto de manera inteligente!

Una vez que hayas creado tu presupuesto para tu situación actual, comienza a preparar un presupuesto para el futuro. El objetivo del

"Ejemplo C - Presupuesto Para Cuando Vivas Solo" es demostrar como un presupuesto funciona si asistes a la universidad o vives solo. Esta práctica de presupuesto debe darte una nueva noción del costo verdadero de los productos y servicios. Con suma frecuencia cuando se refiere al dinero "así como viene se va".

Comencemos este presupuesto en gran parte igual que hicimos el "Ejemplo A – Tu Presupuesto Ahora." En una hoja de cuaderno nueva, haz una lista de los "Gastos" a la izquierda y la cantidad mensual en dólares a la derecha (Vease el "Ejemplo C").

Dado que éste es un "presupuesto futurista" puedes no estar familiarizado con los gastos de vivir solo. Por lo tanto, necesitas investigar el costo de incurrir estos gastos. La mayor parte de esta investigación puede hacerse por teléfono llamando y haciendo preguntas. Con el fin de explicar, te daré algunas cantidades en dólares. Sin embargo, para sacarle alto provecho a este ejercicio, haz tu propia investigación.

Las siguientes son sugerencias para preparar el "Ejemplo C - Presupuesto Para Cuando Vivas Solo":

1. Al igual que con tus otros presupuestos, primero asignale a tus ahorros un porcentaje fijo de tus ingresos. Puesto que **hipotéticamente** estás viviendo solo por primera vez, seguramente vas a necesitar todo tu dinero para poder sobrevivir. Bajo estas circunstancias, usemos el 3% de tus ingresos para ahorros y digamos que eso equivale a $60.00

2. Si vas a vivir por ti solo, necesitas un lugar donde vivir.

¿Cuánto te costara la renta de un apartamento? Si no sabes, llama a varios complejos de apartamentos locales y pregunta cuánto costara la renta de un apartamento pequeño.

3. Mientras estés hablando con el encargado de los apartamentos pregúntale que servicios públicos, si alguno, están incluido en la renta. Los servicios públicos incluyen la electricidad, gas natural, agua, costo de servicio de alcantarillado, basura y cable. Si como inquilino tienes que pagar algunos de estos gastos, pregúntale al encargado cuál es el promedio de gastos por mes. O llama a la compañía de servicio público y pregúntale el promedio mensual de gastos para un apartamento en esa área.

4. Luego toma en cuenta el costo de la comida. Anota todo lo que comes en una semana, en la casa o fuera. Chequea el costo de la comida en el mercado, súmalo por la semana y multiplícalo por cuatro semanas para obtener el costo de la comida de la casa. Debes de incluir lo esencial como la leche, huevos, vegetales, frutas, pan o carne. Después súmale el costo de la comida que consumes fuera, tal como comida rápida, y entrega de pizza a domicilio.

5. Ahora considera el transporte. Esta categoría será de moderada a muy costosa, según el modo de transporte que utilices. Si escoges transporte público el gasto será relativamente barato.

   a. ¿Quieres un automóvil *nuevo*? ¡El pago mensual de

un automóvil de $25,000 pude ser $350 o más!

Para nuestro ejemplo usamos un pago mensual de $350 para el automóvil

b. Luego para poder manejar legalmente tu vehículo vas a necesitar seguro de automóvil. Sabes que mientras más caro el automóvil más costoso el seguro. Seguramente has oído que el seguro para los jóvenes es muy caro. ¡Lo es! Para nuestro ejemplo usaremos $100 al mes. Pregúntale a varios agentes de seguro el costo para un joven de tu edad asegurar el tipo de automóvil que tienes en mente.

c. Si te has tomado la molestia de comprar un automóvil y pagar por su seguro, vas a necesitar gasolina. Un automóvil también requiere gastos de mantenimiento, esto incluye cambios de aceite y mantenimiento regularmente.

6. Ropa. Si vives en el sur donde el clima es moderado, este gasto podría ser menos que para personas que viven en los estados del norte, los cuales necesitan ropa para invierno y verano. Fíjate en las etiquetas de precio donde tú compras. Calcula lo que pagaste por tu ropa durante un año y divídelo entre 12 meses.

7. Artículos personales. champú, jabón, pasta dental, desodorante, maquillaje, rasuradoras, enjuague bucal, etc. Averigua el precio de estos artículos en la tienda de

comestible, farmacia, tiendas comerciales y tiendas de descuento.

8. Diversión. Cine los fines de semana, renta de DVD, gastos para jugar golf, boletos para conciertos, eventos deportivos, viajes y vacaciones.

Una vez te hayas enterado lo que incluyen tus gastos y cuanto te costaran, súmalos. Esto te dará un cuadro realista de lo que cuesta vivir por ti solo y el sueldo que necesitaras ganar.

EJEMPLO C – PRESUPUESTO PARA VIVIR SOLO	
	MENSUAL
Ahorro e Inversiones (3%)	$ 60.00
Renta	$ 750.00
Servicios de electricidad, gas natural y cable	$ 95.00
Comida	$ 160.00
Transporte (pago de automóvil, seguro, gasolina y mantenimiento)	$ 535.00
Ropa	$ 65.00
Personal	$ 40.00
Diversión	$ 45.00
Total de Gastos	$ 1,750.00

Recuerda estos son gastos básicos. Demos por hecho que:

- Tienes muebles para amueblar tu apartamento, platos, vajilla, ollas, sartenes y cacerolas.

- Ya has pagado el depósito del apartamento.

- No tienes un gran número de multas por exceso de velocidad que te aumente por las nubes el precio de la prima de seguro.

- No gastas semanalmente dos tanques de gasolina paseando por las calles.

- Tu apartamento no se te incendia y lo pierdes todo por no haber obtenido seguro de arrendamiento.

- No vas al cine, conciertos ni a comer fuera cenas caras todas las noches. Todo el mundo necesita divertirse, sin embargo, gastos de diversión pueden llevar a la bancarrota tu presupuesto.

Teniendo en cuenta nuestro presupuesto relativamente modesto, ya hemos alcanzado gastos mensuales de $1,750. Ten en cuenta, éste es el dinero neto. ¡Solo por que tu trabajo paga $1,750 al mes no significa que podrás cubrir tus gastos! En realidad, no podrás pagar todas tus cuentas debido a que tendrás que pagar los impuestos federales, estatales, locales y el seguro social. Estos impuestos pueden disminuir tu sueldo neto un 15% a 25% o más. En otras palabras, su estuvieras ganando $1,750 al mes, los impuestos pudieran reducir esta cantidad a menos de $1,500 por mes. En realidad, para pagar $1,750 en gastos mensuales, necesitas ganar aproximadamente $2,065 al mes.

Ingreso Bruto Necesario Para Sustentar Este Presupuesto	$2,065
Menos Impuestos (15%)	($ 310)
Ingreso Neto Necesario Para Sustentar Este Presupuesto	$ 1,755

Tu presupuesto futurista va a necesitar más ajustes que tu presupuesto actual. Con el paso del tiempo, tendrás que decidir que gastos puedes pagar y que gastos debes eliminar; la decisión es tuya.

Aquí tienes algunos consejos prácticos para reducir gastos básicos que pueden ser insoportablemente altos.

1. Reduce tus gastos de renta escogiendo un lugar para vivir menos costoso o buscando un compañero para vivir contigo y dividir los gastos.

2. Con respecto a los gastos de servicios públicos. Apaga la televisión, estereo y luces cuando no las estas usando. Cuando salgas apaga o ajusta la calefacción o aire acondicionado.

3. Reduce el número de comidas que comes fuera de la casa.

4. Si tus gastos de trasporte son especialmente altos, puedes considerar comprarte un modelo de automóvil usado y más viejo para tener pagos más bajos y menos gastos de seguro, en lugar de un automóvil nuevo y más costoso. Por otro lado, cuando compres un automóvil usado, hazlo cautelosamente. No querrás adquirir un automóvil defectuoso que te costará más su mantenimiento y reparaciones que un carro nuevo cubierto bajo garantía. Antes de hacer negocio, lleva el automóvil usado a un mecánico de automóviles recomendado por amistades o familiares para que lo inspeccionen.

5. Compara precios de ropa en diferentes tiendas. Vas a querer comprar ropa bien hecha a precios baratos.

6. Como se mencionó anteriormente, gastos de diversiones pueden ser caros… pueden ser la diferencia entre el éxito o el fracaso de tu presupuesto. Cuando vivas solo, vas a necesitar cada dólar. Muchos clubs e iglesias ofrecen tarifas de grupo

reducidas para espectáculos y diversiones. Las organizaciones sociales ofrecen diversiones para grupos a precios bajos; actividades como montar bicicleta, excursionismo y campismo, etc. Se imaginativo en tu búsqueda de diversiones, y encontrarás alternativas de bajo precio.

No se incluyo en nuestro presupuesto costos de colegiatura y libros para escuela vocacional, colleges y universidades. No te preocupes, en el *Capítulo 13 – Enseñanza Superior…Tu Llave al Futuro,* hablaremos de como financiar tu educación.

¿Es difícil creer que toma tanto dinero para poder pagar gastos básicos? Es una gran responsabilidad mantenerse así mismo.

Cuando cumplas dieciocho años, quizás debas posponer mudarte de la casa de tus padres por varios años con el fin de obtener una educación universitaria. Seria una sabia elección obtener una educación universitaria que te asegure un oficio o profesión con buen pago. Es decir, obtén una buena educación. Te permitirá como un adulto, ganar la clase de dinero que mantendrá el estilo de vida al cual deseas acostumbrarte.

Repasásemos

- Toma nota de tus gastos y aprende cuanto dinero gastas.
- Prepara un presupuesto que incluya todos los ingresos y gastos.
- Elimina gastos innecesarios.
- Se creativo cuando se trata de aumentar tus ingresos.

Como hemos visto, para crear un presupuesto es importante

saber cuanto ganas y gastas. Para saber cuanto gastas es muy importante balancear tu cuenta de cheques bancaria. In el *Capítulo 5 – Tu Cuenta de Cheques…Sin el Misterio,* ya hablaremos de esta estrategia.

CAPÍTULO 5

TU CUENTA DE CHEQUES

Sin Ningún Misterio

Una manera conveniente de gastar el dinero y establecer crédito es tener una cuenta de cheques en un banco, cooperativa de crédito o asociación de ahorros y préstamos. Aquí tienes algunos consejos prácticos para una cuenta de cheques:

1. Una cuenta de cheques cuenta con dos partes. Los cheques que escribes y la **chequera** donde anotas. La chequera es un registro para anotar cada cheque que escribes y depósito que haces. Al mantener tu chequera **cuadrada** (también conocida como conciliada) sabrás cuanto dinero tienes en tu cuenta.

2. Siempre anota la cantidad por la que escribes un cheque en el registro de tu chequera.

3. Siempre anota la cantidad de cada depósito en el registro de la

chequera. La idea es tener en la cuenta más dinero ($$) depositado que la cantidad en dinero que escribes de cheques. Te sorprenderás al saber que muchos adultos no entienden este concepto.

4. Cuando recibas del banco tu estado de cuenta mensual, no lo botes o guardes en una gaveta donde no podrás encontrar. Guarda el estado de cuenta en un archivo designado específicamente para la cuenta de cheques, y cuanto antes, reconcilia tu chequera.

Conciliar tu chequera significa que el total de los depósitos hechos y el total de los cheques escritos que aparecen en el estado de cuenta bancario, concuerdan con el saldo de tu chequera. Si tú concilias tu estado de cuenta en cuanto lo recibes, o lo antes posible, la tarea será más sencilla. No hay nada más desagradables que tratar de conciliar una chequera que ha estado descuidada por tres, cuatro o hasta seis meses. Es frustrante, el tiempo que se consume. Es mucho más sencillo conciliar mensualmente la chequera.

El estado de cuenta bancario trae instrucciones que explican como conciliar tu chequera con el estado de cuenta bancario. Sin embargo, en breve, esta es la forma de conciliar tu cuenta de cheques:

1. Enumera y suma todos los cheques escritos y otros **debitos** en tu chequera que no aparecen en tu estado de cuenta (también incluye cargos de servicio)

2. Enumera y suma el total de todos los depósitos y otros créditos en tu chequera que no aparecen en tu estado de cuenta

(incluyendo intereses, si los hay)

3. Al **saldo final** que aparece en tu estado de cuenta, súmale el total de créditos enumerados en el paso #2, y luego réstale el total de los debitos enumerados en el paso #1.

4. La cantidad al sumar los créditos y restarle los débitos, debe ser la misma cantidad que tienes de saldo en tu chequera.

Te repito, el gran secreto para mantener tu chequera con exactitud y al día sabiendo cuanto dinero tienes en tu cuenta de cheques, es hacerte el hábito de conciliar la chequera en cuanto recibas el estado de cuenta mensual. Si dejas que pasen los meses, lo que normalmente te toma unos minutos, ¡posiblemente te tome horas!

Además, muchos bancos ahora ofrecen acceso por Internet a las cuentas bancarias. Utilizando una computadora y el Internet, puedes tener acceso a la información de tu cuenta bancaria 24 horas al día, siete días a la semana.

Recuerda:

- Anota en el registro de la chequera todos los cheques escritos.

- Anota en el registro de la chequera todos los depósitos hechos.

- Mensualmente concilia la chequera.

Ahora que hemos hablado de como mantenerte al tanto de tu dinero, pasemos al *Capítulo 6 – Impuestos e Inflación…Costos Ocultos*; dos elementos que en efecto pueden disminuir tus ganancias e inversiones si así lo permites.

CAPÍTULO 6

IMPUESTOS E INFLACIÓN

Costos Ocultos

Los impuestos y la inflación son temas que muchos adultos no entienden. Tu estrategia de inversión debe de tomar en consideración impuestos e inflación. ¿Por qué? Porque los impuestos y la inflación le quitan una gran porción al dinero que ganas y a las ganancias de tus inversiones.

Los impuestos son dinero colectado para pagar **gastos** locales, estatales y federales así como, calles, escuelas, carreteras, autopistas, alcantarillado y sistemas de suministro de agua. Cada persona que gana un salario, es propietarios de un negocio, o gana dinero a través de inversiones paga impuestos. El costo de los impuestos locales y

35

estatales varía dependiendo de donde vivas. Además, la cantidad que pagas de impuestos la determina tu **escala de impuestos.**

En la actualidad, los impuestos federales, estatales y locales toman una gran porción del sueldo de la mayoría de los estadounidenses. Solo porque ganas $10.00 por hora, no significa que tu sueldo será $10.00 multiplicado por el número de horas trabajadas. Tu pago de nómina equivale a la cantidad por hora multiplicado por el número de horas trabajadas, menos los impuestos federales, estatales, locales e **impuestos de seguro social.** La cantidad que queda después de pagar los impuestos es el **ingreso neto.**

Tu cheque de salario – todos los impuestos = **ingreso neto**

Además, el dinero que se gana en inversiones también está sujeto a impuestos ya que se considera **ingreso no derivado de trabajo.** Tú querrás que una buena porción de tus inversiones tengan buenas ganancias para que éstas puedan pagar impuestos y todavía te queden ganancias. Existen algunas inversiones que no están totalmente sujetas a impuestos o son de **impuestos diferidos.** Los impuestos de una **Cuenta Personal de Jubilación (IRA** por sus siglas en inglés) no se pagan hasta que el dinero se saque durante el retiro. Los impuestos también son deferidos del interés pagado por **anualidades,** hasta sacar el dinero durante el retiro.

La inflación es más difícil de entender que los impuestos. Sin embargo, la inflación es un factor que se debe considerar seriamente.

La inflación es la taza de aumento, expresada como un porcentaje, por la cual los productos y servicios aumentan (o disminuyen, conocido como deflación) por año.

Cada año cuesta más dinero vivir, no se tarda mucho para que los productos y servicios se pongan caros. Históricamente, en los Estados Unidos la inflación anual promedio has sido de aproximadamente un 3%. Por ejemplo, con una inflación del 3%, gastos de matrícula universitaria de $5,000 aumentarían en cinco años a $5,800 por año. Esto es un aumento total **acumulado** de aproximadamente 16%. En efecto, históricamente la inflación para gastos universitarios ha sido de un promedio anual del 5% al 8%. Con una inflación del 6% en cinco años, esos $5,000 de gastos anuales de matrícula aumentarían a aproximadamente $6,700 por año; ¡un aumento cumulativo de aproximadamente 34%!

No cabe duda que la inflación puede perjudicar económicamente. En el *Capítulo 13 – Enseñanza Superior... Tu Llave al Futuro*, hablaremos de como superar el alto costo de la enseñanza superior.

Repasemos:

- El salario que ganas se reduce por los impuestos federales, estatales, locales y el seguro social.
- Las ganancias de inversiones también están sujetas a impuestos.
- Cuando planees gastos futuros, toma en consideración el costo futuro de ese producto o servicio, debido a la inflación.

Ahora es el momento de analizar tipos de inversiones específicas. En el *Capítulo 7*, comenzaremos con los bonos.

CAPÍTULO 7

BONOS

La Inversión Conservadora

Muchas personas consideran los bonos una forma segura de inversión. En muchos casos, los bonos son inversiones seguras y conservadoras. A menudo, los bonos son el eje central de una ciudad, condado, estado o hasta del gobierno federal, porque estos pagan por los costos de las calles, carreteras, aeropuertos, escuelas, remodelación de la ciudad y cualquier número de mejoras que cuestan dinero. Las corporaciones también emiten bonos para financiar grande mejoras **capitales**.

En el mundo de las inversiones, los valores son instrumentos de **deuda** o **equidad**. Un **bono** es un instrumento de deuda y representa una promesa superior de pagar al tenedor de bonos.

Una promesa superior de pago significa que un inversionista de bonos, se le pagará su inversión antes que a los **inversionistas de**

acciones comunes si la compañía se declara en **bancarrota**. Por lo tanto, los bonos son usualmente considerados la manera más conservadora y segura de invertir, a diferencia de ser dueño de acciones comunes que son inversión accionaría. Sin embargo, si una entidad gubernamental (gobierno federal, estatal o local) o una corporación se encuentra económicamente en problemas, entonces sus bonos pueden ser valorados malamente y considerados de alto riesgo. Algunos bonos son más riesgosos que las acciones comunes de compañías buenas.

Los bonos se pueden adquirir de dos maneras:

- Un bono puede ser comprado a **descuento**. El precio de descuento es por debajo del **valor nominal** del bono, por el cual la cantidad pagada al **tenedor de bono** en la fecha del vencimiento del bono es igual al precio original invertido $$, más la ganancia de inversión. Por ejemplo, el valor nominal de un bono es $1,000. Sin embargo, debido a factores económicos, este determinado bono se vende por $875. Si el inversionista de este bono paga $875 y espera hasta la fecha de vencimiento del bono para cobrar en efectivo el bono, la ganancia recibida por el inversionista es de $125 ($1,000-$875.)

- Un bono también se puede comprar con la promesa de pagarle al tenedor del bono su inversión más una taza de intereses específica. Por ejemplo, el bono cuesta $1,000 y paga un interés de 5 ½ % ($1,000 x 5 ½%), o $55.

Quizás estés familiarizado con los bonos de ahorro de los Estados Unidos. Estos bonos están respaldados por la plena fe y el crédito del gobierno de los Estados Unidos. Puesto que la posibilidad es extremadamente pequeña que la economía de nuestro gobierno se venga abajo, los bonos de ahorro de los Estados Unidos, las **Letra del Tesoro de los Estados Unidos (U.S Treasury Bills)**, los **Pagaré del Tesoro de los Estados Unidos (U.S Treasury notes)** y los **Bonos del Tesoro de los Estados Unidos (U.S Treasury Bonds)** son considerados un buen riesgo. Por otro lado, debido al bajo riego que poseen, el tipo de rendimiento (interés) en los valores mobiliarios de Estados Unidos pueden ser bajos comparados con otras inversiones.

En el *Capítulo 12 – Conceptos Básicos de la Pirámide…El Secreto para Invertir*, aprenderás que a menudo (pero no siempre) mientras más grande es el riesgo de inversión, más grande es el tipo de rendimiento. Por otro lado, mientras más bajo es el riesgo, son más las probabilidades de bajo rendimiento.

Esto no quiere decir que las personas no deban invertir en bonos u otra inversión de bajo riesgo. Al contrario, es importante que el portafolio financiero de una persona esté bien **diversificado**.

Tal vez te interese saber que los bonos de ahorro pueden adquirirse a través de los bancos o por el Internet mediante un sistema base web, llamado Treasury Direct. Puedes comprar y guardar billetes de la tesorería, notas, bonos y valores protegidos de la inflación (TIPS). Para más información visita www.treasurydirect.gov.

Antes de pasar al siguiente capítulo, recuerda:

- Un bono es la promesa superior de pagarle al tenedor de bonos su inversión más el interés.

- Los bonos generalmente se consideran inversiones conservadoras.

- Los bonos ayudan a equilibrar el riesgo de un portafolio de inversiones.

En el *Capítulo 8* estudiaremos que impulsa y pone en marcha la mayoría de las corporaciones en los Estados Unidos y en el mundo... ¡las acciones!

CAPÍTULO 8

ACCIONES

¡El Lugar Donde Se Debe Estar!

¡En los Estados Unidos y a través del mundo las acciones rigen! Apenas sintonízate con la programación de la bolsa de valores en la televisión para que veas a lo que me refiero. En la actualidad, más personas invierten en la bolsa que anteriormente. Ellos se mantienen al tanto de las acciones por sus computadoras y el Internet. El paso es frenético y agitado. Lo que afecta las compañías del mundo, también afecta el mundo en que vivimos y viceversa.

Podrás estar interesado en saber que las acciones representan partes individuales de propiedad en una corporación. Cuando una compañía necesita obtener fondos, emite acciones para que las personas las compren a través de lo que se conoce como **oferta pública inicial** (IPO por sus siglas en inglés). Inicialmente el precio de la acción lo determina la compañía. Ya una vez que la acción se haya negociado en la bolsa por un tiempo (comprado y vendido), la **oferta y demanda** se encargan de fijar el valor de cada acción.

Cuando una persona compra acciones, se le emite un certificado de acciones como comprobante de propiedad.

La **junta directiva** de una compañía puede periódicamente declarar que se les pague a los accionistas un **dividendo** (ingresos) por cada acción. Aquí enfatizo *puede*. No es requerido pagarles dividendos a los accionistas. En efecto, algunas compañías rara vez pagan dividendos, prefieren reinvertir en la compañía todas las ganancias logradas para que crezca y se desarrolle.

Existen dos tipos de acciones. Primeramente, existen las **acciones comunes**. Los dueños de acciones comunes tienen derecho a votar con regularidad para elegir la junta directiva que administrará la compañía. Al elegir una junta directiva, los dueños de acciones comunes tienen derecho a opinar del manejo de la corporación, sin embargo, no tienen que participar en la actividades diarias de dirigir el negocio. Los accionistas de acciones comunes también votan acerca de las políticas corporativas en las reuniones anuales.

En segundo lugar, existen las **acciones preferidas**. En el capítulo anterior, hablamos de como los dueños de bonos se les paga antes que a los accionistas comunes en caso que la compañía quiebra. Las acciones preferidas también se emiten con un dividendo fijo. Esto es una ventaja, puesto que los dueños de acciones preferidas reciben dividendos antes que los dueños de acciones comunes. Generalmente, los dueños de acciones preferidas no tienen derecho a votar.

Al igual que los bonos, las acciones de una compañía varían en su grado de riesgo. Éstas pueden variar de conservadoras a alto riesgo, de acuerdo a la estabilidad financiera de la compañía, además de muchos otros factores.

Por lo general, es mucho más riesgoso invertir en acciones de compañías nuevas que en compañías ya establecidas por muchos años, como la IBM, AT&T y General Electric. Las compañías que invierten grandes cantidades de capital en nuevos proyectos, tal como en una nueva compañía de telecomunicaciones, o una pequeña compañía farmacéutica, que desarrolla medicamentos para enfermedades con que ponen la vida en peligro, pueden considerarse de alto riesgo. Mientras que estas compañías pueden fabricar productos útiles, la enorme deuda que generan puede demorar las ganancias y flujo de efectivo por muchos años.

Las acciones de compañías que tienen un historial de pago de dividendo a sus accionistas año tras año, pueden ser una inversión más conservadora que acciones de una compañía que rara vez paga dividendos.

Sin embargo, a veces son estas compañías recién establecidas que generan grandes ganancias para los inversionistas de la bolsa. Piensa en Walmart y Microsoft. Hubo una época en que cada una de estas compañías comenzaba, nueva e inexperta. Hace años las acciones de estas compañías se vendían por mucho menos que en este momento. Al comprar estas acciones cuando los precios estaban bajos y venderlas más tarde cuando los precios habían aumentado, estos inversionistas obtuvieron ganancias de Walmart, Microsoft, así como también de muchas otras compañías que una vez eran desconocidas.

Los inversionistas de la bolsa de valores ganan dinero comprando acciones cuando el precio está bajo y vendiendo cuando el precio está alto. Antes de invertir, te recomiendo que leas muchos libros sobre la bolsa de valores. Varios se indican en la parte posterior de este libro en *Fuentes de Información Adicional.*

El precio de registro y el precio de cada acción de una compañía, junto con otra información valiosa, pueden encontrar se en las cotizaciones del mercado enumeradas en la sección de negocios de la mayoría de los periódicos y en el Internet. Para entender como leer los precios de la bolsa de valores, estudia la explicación de los símbolos que acompañan las cotizaciones en los periódicos y lee libros sobre este tema.

Antes de invertir en acciones, te recomiendo investigar detalladamente la compañía o compañías que te interesan. ¿Cómo haces la decisión de invertir y en cuál compañía? Las siguientes son algunas sugerencias para seleccionar compañías y sus acciones. Tal vez quieras hacer esta práctica con una amistad o con tu clase en la escuela.

1. Habla con accionistas en diferentes compañías. No dejes que te desanimen... encuentra a alguien que te proporcione información y hable contigo sobre las acciones y el mercado..

2. Escoge hasta una docena de compañías que te interesen, que

has oído de ellas, que te gusten o que uses sus productos. Elige varias compañías establecidas hace tiempo y otras que sean relativamente nuevas. Investiga estas compañías. Visita la sección de referencia de tu biblioteca y busca artículos acerca de estas compañías en la Guía **Reader's Guide To Periodical Literature,** léete los artículos de revistas y en particular los que encuentres en las revistas de negocios. Investiga la compañía en el Internet. Aprende todo acerca de la compañía, lo que fabrica, donde hace negocio, su historia y como la administran.

3. Escoge seis de las compañías más interesantes de las cuales te gustaría comprar acciones.

4. Limita tus inversiones a inversiones "en teoría". Es decir, escoge para invertir una cantidad de dinero especulativo e invierte una cantidad equivalente para cada acción. Por ejemplo, planea invertir especulativamente $12,000. Estarás invirtiendo $2,000 en cada acción ($12,000 ÷ 6 acciones).

5. El mismo día, compra cada acción al precio por acción listado en la sección de bolsa de valores de tu periódico local o en el Internet.

6. Por seis meses, sigue la trayectoria en los cambios de los precios de la bolsa de valores en tu cuaderno.

7. Continúa leyendo y estudiando sobre las acciones individuales de cada compañía. Estudia información acerca de las compañías en tu biblioteca publica en fuentes como *Value*

Line, Standard & Poor's, and *Morningstar.* Ésto te ayudará a entender la razón por la cual los precios de la bolsa de valores fluctúan con cada acción y te dará mejor conocimiento del mundo de la bolsa de valores.

La práctica anterior te enseñará lecciones muy valiosas tal como la paciencia. Los altos y bajos de la bolsa de valores pueden ser muy volátiles. Si los billetes de dinero hubieran sido adquiridos con el sudor de tu frente, ¿pudieras perder una parte o todo el dinero invertido? ¿Hubieras tenido la paciencia de aguantar las bajas sin alarmarte y vender tus acciones cuando los precios estaban bajos?

Las acciones se pueden comprar a través de firmas de servicio completo de **corretaje de bolsas** y firmas de descuento de corretaje de bolsas. Además del precio de las acciones, al comprar existe un cargo de compra, al igual que un cargo de venta al vender las acciones. El cargo de venta varía dependiendo de donde compras y vendes las acciones. Este cargo puede ser un porcentaje del precio de venta. Sin embargo, las firmas de descuento típicamente cargan una tarifa plana por cada transacción. Te recomiendo que compares las tarifas y servicios de las firmas de servicio completo de corretaje y de las firmas de descuentos de corretaje.

Cuando hagas negocio con una firma de servicio completo de corretaje espera recibir un buen servicio que te ayude a tomar una decisión en la compra de acciones. La tarifa que te carga un agente de bolsa de servicio completo es generalmente más alta que las acciones adquiridas a través de un agente de bolsa de descuento. Normalmente, recibes tanto como lo que pagas. Sin embargo, las comisiones de corretaje altas no te garantizan obtener ganancias de las acciones adquiridas. Ya sea que uses un agente de bolsa de servicio completo, o inviertas a través de un agente de bolsa de descuento, ésta es una decisión que debe basarse en tu nivel de conocimiento. Estos conocimientos deben de incluir conocimiento general sobre la bolsa de valores y conocimiento sobre la compañía de la cual estás considerando comprar sus acciones

Si estás interesado en una compañía específica, debes de solicitar una copia de su **informe anual** más reciente. Además, los **informes de investigación** están disponibles gratis o a bajo precio a través de las firmas de corretaje y en el Internet. Tanto el informe anual come el informe de investigación, contienen información acerca de la compañía que incluye información básica, acontecimientos de la compañía y su solidez financiera.

El Índice Dow Jones es el indicador más citado y conocido de la bolsa de valores. El Índice Dow Jones consiste en treinta de las compañías más grandes cotizadas por el sector público en los Estados Unido. Estas acciones están cotizadas en la **Bolsa de Valores de Nueva York.** Escogidas para representar la industria estadounidense; estas treinta industriales son las acciones **blue chip o de primera calidad** de compañías grandes y muy conocidas, consideradas líderes en sus industrias y son poseídas por la mayoría de individuos e **inversionistas institucionales.**

Si tienes pensado comprar acciones individuales, mí consejo es realizar primero tu propia investigación. Algunas de las preguntas que necesitaras que te respondan son:

1. ¿Cuál es la historia de la compañía?
2. ¿Cuáles son sus planes futuros?
3. ¿El precio de las acciones de esta compañía está inusualmente alto o bajo?
4. ¿Qué tiempo llevan en la compañía sus altos funcionarios? ¿Se espera que algunos de esto altos funcionarios se vayan de la compañía?
5. ¿Ha habido un cambio drástico en la gerencia administrativa?
6. ¿Cuál es el historial para pagos de dividendos en esta compañía? ¿Ha pagado esta compañía más de la cuenta en dividendos, y por consiguiente limitado la cantidad de capital disponible para inversiones?

   ¿Cuáles son las actitudes del consumidor hacia la compañía y sus productos?
7. ¿Te gustan los productos de la compañía?
8. ¿Tus amistades o familiares usan los productos de esta compañía?
9. ¿Cual es la competencia de esta compañía?

Nadie, repito nadie tiene una bola de cristal cuando se trata del rendimiento de la bolsa de valores. Sin embargo, desde los 1920 los beneficios producidos por las acciones en su totalidad han sobrepasado los beneficios obtenidos por inversiones de interés fijo tal como los **certificados de depósito (CD)** y los bonos. Muchos especialistas de inversiones dicen, "¡la bolsa de valores es el lugar donde se debe estar!"

Cuando se trata de acciones recuerda:

- La ley de oferta y demanda ayuda a establecer los precios de las acciones.

- Comprar acciones cuando están bajas y vender cuando están altas genera ganancias para los inversionistas de la bolsa de valores.

- Antes de invertir, investiga minuciosamente.

Si no tienes el tiempo para investigar docenas o centenares de compañías, continúa leyendo el próximo capítulo y considera invertir en fondos mutuos.

CAPÍTULO 9

FONDOS MUTUOS

La Inversión Conveniente

Al inversionista **novicio**, le recomiendo mucho los fondos mutuos, por las siguientes razones:

- Los fondos mutuos son manejados profesionalmente por personas con años de experiencia en inversiones.

- Por su propia naturaleza, los fondos mutuos son variables, un tema que cubriremos a profundidad en el *Capítulo 12 – Conceptos Básicos de la Pirámide… El Secreto para Invertir.*

Una opción para ser propietario de acciones de una compañía en particular es ser dueño de fondos mutuos. Un fondo mutuo es una agrupación de acciones, bonos o acciones y bonos manejados por un administrador profesional de cartera de inversiones. Cuando eres propietario de acciones en un fondo mutuo, eres dueño de una parte de varias compañías, ¡desde cincuenta hasta cien o más!

Siendo propietario de fondos mutuos, el inversionista tiene la ventaja de tener la asesoría de un profesional en acciones. Asesoría profesional significa que no tienes que pasarte horas investigando cada compañía. Los fondos mutuos son administrados por profesionales en la administración de cartera de inversiones, los cuales hacen la búsqueda por ti. Estos administradores profesionales de carteras de inversiones colectivas generalmente tienen muchos años de experiencia en inversiones.

Por otro lado, tal vez ellos no tengan muchos años de experiencia en inversiones, pero seguramente tendrán más experiencia que tú en la administración de inversiones. Sin embargo, es tu responsabilidad investigar sobre los fondos mutuos antes de invertir tu dinero en un fondo.

Al ser dueño de un fondo mutuo, estás diversificado, en el sentido de que no estás invirtiendo todo tu dinero solamente en las acciones de una compañía. Si tu dinero está invertido de diferentes formas, el potencial de riesgo es menor. Actualmente, hay aproximadamente 8,000 fondos de inversión, así que he aquí algunos factores importantes a considerar antes de invertir en uno de ellos:

1. ¿Por cuánto tiempo ha estado el administrador a cargo del fondo?

2. ¿Está siendo el fondo manejado por un solo individuo o por un grupo de personas? Cada enfoque tiene aspectos positivos y negativos.

3. ¿Cuál es la experiencia previa del administrador de

inversiones?

4. El fondo mutuo tiene un historial mínimo de dos a tres años. Eso no significa que el primer año de un fondo mutuo no va a tener éxito, tan solo que yo preferiría un historial amplio para estudiarlo.

5. ¿Cómo ha desempeñado el fondo mutuo?

El costo de comprar un fondo mutuo es generalmente, el **valor neto de los activos** (**NAV** por sus siglas en inglés) más el costo de los cargos de venta. Para calcular el NAV se toman los gastos incurridos del fondo mutuo y se le resta el valor de los activos del fondo mutuo, después se divide esa cantidad por el número de acciones en el fondo mutuo.

Los cargos de venta son las ganancias que reciben los vendedores de fondos mutuos. Algunos fondos mutuos tienen cargos de entrada. Estos cargos de venta son calculados al comprar el fondo mutuo. Otros fondos mutuos tienen lo que se le llama cargo de venta diferidos. Si mantienes tu dinero en el fondo mutuo por un número determinado de años, no tendrás ningún cargo de venta. Sin embargo, si rescatas (vendes) tus acciones de los fondos mutuos antes de que pasen los años requeridos, se te cobrarán los cargos de ventas diferidos, los cuales normalmente son menos mientras más años hayas invertido tu dinero en el fondo.

Como se mencionó anteriormente, una ventaja de invertir tu dinero en fondos mutuos sobre las acciones de compañías individuales es el manejo profesional de una cartera administrativa. El administrador o grupo de administradores de fondos mutuos siguen la trayectoria de docenas a cientos de compañías. Sin embargo, ellos no trabajan gratuitamente. Los administradores de fondos mutuos se les pagan con honorarios administrativos calculados como gastos anuales de los fondos mutuos.

Además, los fondos mutuos cobran **honorarios anuales** que cubren los costos administrativos, etc. Diferentes compañías de fondos mutuos cobran diferentes tarifas porcentuales por cargos anuales y cargos administrativos.

Los fondos mutuos son tan diversos como las compañías que representan. Los fondos mutuos tienen diferentes estrategias de inversión. La estrategia de inversión depende de en que clase de compañía invertirá el fondo mutuo. Los fondos mutuos pueden clasificarse como de crecimiento, ingresos, crecimiento e ingresos, internacionales, bonos, extranjeros, capital grande, capital pequeño, criterio social o crecimiento agresivo.

Los administradores de fondos mutuos invierten en las acciones de las compañías que siguen sus estrategias de inversión. Si un fondo tiene una estrategia de crecimiento agresivo, el dinero del fondo puede ser invertido en las acciones de compañías que emergen en ese momento. Las compañías emergentes incluyen compañías de alta tecnología que reinvierten la mayoría de sus ganancias en la compañía, en lugar de pagar los dividendos de acumulado.

Yo no recomiendo a nadie que invierta en fondos mutuos, a menos que el o ella se proponga mantener el dinero invertido por varios años. Lo recomendable es por lo menos de cuatro a cinco años, debido a que la mayoría de los fondos mutuos tienen cargos de venta, ya sean de entrada o diferidos.

El valor de las acciones en los fondos mutuos también fluctúa. Si no puedes mantener tu dinero invertido entre un tiempo moderado a largo, podrías verte en la inquietante posición de necesitar vender tus fondos mutuos en el momento en que las acciones del mercado están en baja y el valor de tus acciones de tu fondo mutuo haya decaído. Vender en el momento indebido podría resultarte en una perdida económica.

Antes de comprar cualquier fondo mutuo, debes de pedir el **prospecto** de la compañía de fondos mutuos o de su representante de ventas. El prospecto de un fondo mutuo incluye la estrategia de inversión, las clases de compañías que invierten en los fondos, los honorarios y gastos y la filosofía administrativa.

Hay aproximadamente 8,000 fondos mutuos en existencia. Las compañías de fondos mutuos tienen desde varios hasta cientos o más de diversos fondos que ofrecen al inversionista cualquier tipo de estrategia de inversión o filosofía posible. Al igual que el precio de la acciones de la bolsa, el precio de las acciones en un fondo mutuo se puede encontrar en la sección financiera del periódico local o en el Internet.

He aquí algunas sugerencias antes de invertir en cualquier fondo mutuo:

1. Lee detalladamente el prospecto

2. Haz la cantidad de preguntas que desees al representante de ventas de los fondos mutuos. Si el representante de ventas no puede o no quiere contestar todas tus preguntas, probablemente éste no es el fondo mutuo donde debas invertir tu dinero que tan arduamente has ganado.

3. Habla con personas que confías. Pregúntales qué fondos mutuos recomiendan y quiénes son sus representantes financieros.

4. Lee artículos en revistas financieras y periódicos acerca del fondo mutuo. Veras una lista de estas publicaciones al final de este libro. Investiga a través del Internet.

5. Ve programas financieros y de inversión en la televisión.

6. No te ilusiones con la **moda del momento** (en inglés **flavor of the month**). Investiga cualquier otro fondo mutuo que consideres comprar.

7. Decide tú inversión basándote en investigaciones sólidas, estudios y pensándolo bien.

8. Trabaja con un representante de fondos mutuos que te guste y respetes. Si tú no piensas que te identificas o trabajas bien con un asesor de inversiones en particular... busca otro.

9. Invierte a largo plazo.

En resumen:

- Los fondos mutuos invierten en las acciones de docenas de cientos de compañías.

- Los fondos mutuos son administrados profesionalmente.

- Selecciona el fondo mutuo basado en la estrategia de inversión de los fondos y tus propias necesidades de inversión.

Ahora que hemos cubierto distintas opciones de inversión, en el *Capítulo 10* exploremos algunas alternativas para proteger tus **viene.**

CAPÍTULO 10

SEGUROS

Protegiendo Tus Bienes

Estoy dispuesto a apostar que el tipo de seguro que has oído hablar más es del seguro de automóvil. Para el joven típico, el seguro de automóvil es bastante caro, por esa razón, puedes tener una opinión negativa de los seguros.

Sin embargo, en general, hemos cubierto el seguro de automóvil en el capítulo de presupuestos. En este capítulo hablaremos del seguro de vida: lo que hace y como funciona.

Generalmente se compra un seguro de vida en caso que la persona que mantiene la familia con sus ingresos muera.

Las primas son los pagos que se hacen para un seguro de vida. Estos pagos pueden hacerse mensual, trimestral, dos veces al año o anual.

59

Las pólizas de **seguro de vida vitalicio** son un tipo de seguro de vida que acumula **valor en efectivo** según se pagan las primas a lo largo de los años.   Generalmente, las primas para un seguro de vida vitalicio se mantienen igual año tras año. Según su valor en efectivo aumenta, el dueño de la póliza de seguro lo puede utilizar para la compra de una casa, pagar por costos universitarios o financiar la jubilación. Siempre y cuando el valor en efectivo no se reduzca por debajo del nivel que paga el seguro de vida, la póliza se mantiene en vigencia. Por lo tanto, la protección del seguro de vida permanece en vigor.

El seguro de vida a término es un tipo de seguro de vida que no acumula valor en efectivo. Las primas de seguro de vida a término para los jóvenes son más bajas que las primas de seguro de vida vitalicio. Las pólizas de seguro de vida a término no acumulan valor en efectivo. Según el **asegurado** envejece, el costo de las primas aumenta, frecuentemente convirtiendo el costo del seguro a término prohibitivamente alto según las personas envejecen.

Aquí tienes algunos consejos para escoger una compañía de seguros.

1.   Habla con amigos, familiares y personas las cuales respetes su opinión. Pídeles te recomienden un agente de seguros y compañía de seguros.

2.   Investiga las compañía de seguro de vida

3.   ¿Ha existido la compañía por largo tiempo? Cien o más años indica que la compañía está económicamente sólida, ha

resistido la prueba del tiempo y posiblemente se mantendrá en existencia por otros cien años.

4. ¿Tiene esta compañía de seguro de vida buena reputación y buenos antecedentes pagando **reclamaciones**? ¿Cómo está clasificada la compañía? Puedes encontrar las respuestas a estas preguntas visitando tu biblioteca pública y solicitando ver los informes de los servicios de seguros como A.M. Best.

Un seguro de vida se puede comprar con opciones de inversión, parecidos a los fondos de inversión colectivos. Al comprar seguro de vida con opción de inversión:

- Lee detalladamente el prospecto. Es un documento largo, por lo tanto, dedica suficiente tiempo a estudiar a fondo el prospecto.

- Estudia el historial y las opciones de ganancias de inversión. ¿Cuánto tiempo se ha mantenido en existencia? ¿Cómo ha desempañado?

- Diversifica tus opciones de inversión así como lo harías con cualquier otro tipo de inversión. Si tus otras inversiones son de interés fijo o de bajo riesgo, tal vez quisieras balancear tu cartera de inversión siendo moderadamente o ligeramente agresivo en tus inversiones. O quizás quieras invertir en varias opciones. Por ejemplo, 25% en fijos, 25 % en bonos, 25% en acciones y 25% en inversiones agresivas.

Cuando la tasa de interés está baja, a menudo las acciones hacen bien. Lo contrario también es cierto. Es decir, cuando el mercado de acciones está bajo, la tasa de interés puede estar alta y dar buen rendimiento en las cuentas fijas. Desde un punto de vista histórico, los Estados Unidos han tenido ciclos de gran prosperidad en el mercado de acciones con baja tasa de interés en lugar de un mercado de acciones decadente con alta tasa de interés.

En resumen, algunos puntos importantes para el seguro de vida incluyen:

- El seguro protege los bienes financieros y el poder de ganancias del asalariado.

- El costo de compra de un seguro de vida aumenta según la persona envejece.

- Para los jóvenes las primas de seguro de vida a término son menos que las primas de seguro de vida vitalicio.

- Un seguro de vida vitalicio proporciona valor efectivo que se puede utilizar para pagar la universidad, una casa o la jubilación.

- Un seguro de vida se puede comprar con opciones de inversión.

Después de tanto hablar sobre los bonos, acciones, fondos de inversión colectivos y los seguros, ahora exploremos una de las grandes razones de ahorrar e invertir hoy en día… el sueño americano… un hogar.

CAPÍTULO 11

BIENES RAÍCES

¡EL SUEÑO AMERICANO!

¡El sueño americano es tener tu propia casa (bienes raíces)! Considéralo de esta manera, todos necesitamos un lugar donde vivir... ¿por qué no ser su dueño?

La mayoría de las casas se pueden comprar dando un deposito inicial de aproximadamente un 20% (la cantidad en efectivo que usted paga hacia el precio de venta) y financiando el balance con una **hipoteca**. Una hipoteca le confiere derecho al comprador a hacer pagos mensuales a una tasa de interés fijo o variable por diez, veinte o treinta años, en lugar de pagar por la casa en efectivo (algo que la mayoría de las personas no pueden hacer).

De acuerdo a la Asociación Nacional de Agentes de Bienes Raíces, desde el 2017 el precio de venta promedio de las casas existentes en los Estados Unidos ha sido casi $188,900. ¡Por consiguiente, el pago inicial de un 20% para el precio promedio de una casa seria aproximadamente $37,780. ¡Una cantidad que le podría tomar años ahorrar!

Afortunadamente, los programas respaldados por el gobierno como los disponibles por el Federal Home Administration (FHA por sus siglas en inglés) el Veterans Administration (VA por sus siglas en inglés) le permiten a un comprador de casa comprar con un pago inicial más bajo que el de una **hipoteca bancaria convencional**.

También existen distintos programas de préstamo. Hay un programa para personas que están comprando casa por primera vez. Este programa requiere un pago inicial de un 0% hasta el 5%. Comuníquese, con un especialista de préstamos o acreedor de hipotecas en su banco local, asociación de ahorros y préstamos, cooperativa de crédito o compañía hipotecaria para averiguar que programas existen en su área en este momento.

Algunas personas que desean vender sus casas las pueden financiar ellos mismos, es decir actuar como acreedor, esto se llama **financiamiento por el dueño**. Esto significa que el comprador le hace los pagos mensuales al vendedor en vez de un banco. El vendedor retiene el título de propiedad de la casa hasta que el préstamo se pague por completo es decir se liquide la deuda.

A veces una transacción de bienes raíces financiada por el vendedor tiene términos de financiamiento menos estrictos. Algunas razones por la cual un vendedor decide financiar la venta de su casa son: un mercado de venta lento; el dueño no quiere deber ese año una alta cantidad de impuestos, o puede que desea como ingresos los intereses derivados del préstamo.

Cuando se liquida una hipoteca eres dueño completo y absoluto de la propiedad.

Cuando un acreedor considera una aplicación para el préstamo de una vivienda, buscará lo siguiente:

1. La habilidad del comprador de pagar el préstamo.

2. Buen crédito del comprador.

3. Bancarrotas si existen.

4. Pagos delincuentes o pagos tardíos de préstamos anteriores.

5. Una cantidad proporcional de ingresos anual al precio de venta de la casa. Por norma general, el precio de una casa no debiera ser más de 2 1/2 veces tu ingreso total anual. Digamos, si tu ingreso es de $24,000 al año, el precio de venta de la casa no debe exceder $60,000 ($24,000 x 2.5). De acuerdo al mercado de bienes raíces, actualmente el precio medio de una casa es $225,000, eso no te compra mucha casa. Esta norma explica la razón de que hoy en día ambos madre y padre, necesitan trabajar para pagar por las necesidades de su familia.

6. Una cantidad proporcional de deudas a ingreso total. La deuda mensual de una persona no debe exceder el 25% de su salario mensual bruto. Por ejemplo, si tu ingreso mensual es

$2,000 por mes ($24,000 anual) tu deuda mensual pendiente no debe exceder $500 por mes ($2,000 x 25%).

7. Una cantidad proporcional de deuda mensual más la hipoteca al ingreso total. La deuda mensual de una persona más el pago de la hipoteca no deben exceder aproximadamente 33% de su salario mensual bruto. Por ejemplo, si tu salario mensual es $2,000, tus deudas incluyendo el pago de hipoteca no deben exceder $660 por mes ($2,000 x 33%).

Si una persona no reúne los requisitos mencionados anteriormente, no podrá comprar una casa mediante una institución bancaria. Esta persona tendrá que hacer un depósito inicial de más cantidad o buscar una casa menos costosa. Otra razón más para leer el *Capítulo 13 – Enseñanza Superior…Tu Llave al Futuro*, para ayudarte a conseguir un trabajo que pague lo más posible.

Si un acreedor o prestamista te hace un préstamo desproporcionadamente alto comparado a tus ingresos, quizás debas rechazar el préstamo. Recuerda, es más fácil meterse en deudas que salir de deudas.

Yo recomiendo grandemente a las personas a que mantengan los pagos de la casa tan bajos como les sea posible, y tener tanto **valor acumulado** en su casa como le sea posible. Se puede lograr tener un pago bajo y más valor acumulado en la casa haciendo un pago inicial mayor, comprando una **propiedad que necesita reparaciones**, una propiedad menos costosa, o haciendo pagos dobles según aumenten tus ingresos.

No existe ninguna garantía de lo que la vida nos tiene destinado. Si se necesita que dos personas trabajen en la familia para hacer el pago de la hipoteca y el cónyuge es despedido de su trabajo, le puede ser muy difícil hacer el pago de la hipoteca. Por eso recomiendo que el pago de la casa sea lo más bajo posible *y* hacer pagos para reducir la hipoteca cuanto antes.

Los pagos de hipoteca generalmente se hacen por diez, veinte, o treinta años. Mientras que un término de pago más largo, por ejemplo, treinta años puede disminuir la cantidad del pago, esto puede triplicar la cantidad de interés que paga por la casa a largo plazo. Generalmente recomiendo un período de pago de diez a veinte años.

Estos son algunos consejos para cuando busques una casa para comprar:

1. Búscate un agente de bienes raíces en el cual puedas confiar. Los agentes de bienes raíces trabajan a comisión, lo que significa que no les pagan hasta que se efectué el cierre de la casa con **garantía de depósito**. A la vez que escojas el agente, respeta su tiempo y se fiel.

2. Escoge una casa con un precio que puedas pagar.

3. A menos que estés calificado en la industria de la construcción o tienes una amistad o familiar que lo esté… evita propiedades que necesiten reparaciones grandes. Este tipo de propiedades pueden costarte más que el valor de la casa.

4. Localidad, localidad, localidad. Este es el secreto de comprar una casa. Compra una casa en la mejor área que puedas pagar.

5. Compra una casa que esté de acuerdo al vecindario, en otras palabras, que la casa sea similar a las demás casas en el vecindario. No recomiendo comprar una casa que tenga más sobremejoras que las casas del vecindario. Un ejemplo de sobremejoras seria una casa con cuatro dormitorios y dos baños que está localizada en un vecindario donde las casa normalmente tienen dos dormitorios y un baño. En este caso, el valor de una casa superior disminuiría a causa de las casas más pequeñas de menos valor. No obstante, algunas veces el valor de una casa pequeña aumenta debido a casas más grandes y más costosas en el vecindario. Esta situación seria una *buena* oportunidad de compra.

6. Un **casa dúplex** también puede ser una buena oportunidad de compra. Tú vives en una unidad y alquilas la otra unidad a un **inquilino**. De este modo, tu pago de hipoteca puede dividirse a la mitad contando con el pago del inquilino.

Ser dueño de tu propia casa puede ser un paso importante para tu futuro financiero. Pueden pasar muchos años hasta que estés listo para tomar este paso. Sin embargo, ser dueño de tu propia casa es una meta a largo plazo que vale la pena.

Repasemos:

- El depósito inicial es la cantidad de dinero que un comprador paga hacia el precio de venta de una casa.

- Una hipoteca le permite a un comprador de una casa hacer pagos mensuales hacia la compra de una casa.

- Escoge una casa con un precio de venta que puedas pagar.

- Selecciona una casa que esté de acuerdo al vecindario.

Ya que hemos hablado de las varias opciones de inversión, leamos el *Capítulo 12 - Conceptos Básicos de la Pirámide.* El Capítulo 12 explicará como colocar debidamente tu dinero de inversión para ayudarte a reducir el riego de inversión.

CAPÍTULO 12

CONCEPTOS BÁSICOS DE LA PIRÁMIDE

El Secreto Para La Inversión

Muchos asesores de capital neto utilizan la pirámide para aconsejar a sus clientes sobre inversiones y planificación testamentaria. Yo recomiendo el uso de la pirámide para estructurar tu **cartera de inversiones.** Cuando la forma de la pirámide, se usa debidamente, ésta ayuda a crear una visión general de las finanzas de una persona.

Ahora quiero que dibujes en una página de tu cuaderno una gran pirámide. Después comenzando en la parte inferior de la misma y aproximadamente un tercio hacia arriba traza una línea transversal ú horizontal. Después a dos tercios de la parte inferior traza otra línea transversal y finalmente una tercera línea casi llegando a la parte superior de la pirámide, de manera que quede un triángulo pequeño. Ahora la pirámide debe tener cuatro secciones, similar a la que aguanta "Hal".

La parte inferior de la pirámide es la base. Todos nosotros deberíamos tener una base sólida financiera para así poder construir un futuro financiero sólido. Una base sólida financiera está basada en interés fijo e inversiones de **capital** garantizado. Cuando digo inversiones a interés fijo con capital garantizado, hablo de inversiones tales como cuentas de ahorros, cuentas corrientes, certificados de depósitos bancarios, bonos de ahorro y Bonos de la Tesorería de los Estados Unidos. En otras palabras, existe una gran probabilidad que el dinero que inviertas te sea devuelto.

La protección que ofrece un seguro, ya sea de automóvil, casa, médico, **incapacidad** o de vida, también cae dentro de la base de la pirámide.

Todo dinero invertido en la sección inferior de la pirámide se le considera como inversiones conservativas o conservadoras. Todos nosotros necesitamos de algunas inversiones conservadoras.

Observa que a medida que te mueves hacia arriba en la pirámide, su forma se va estrechando. La forma de la pirámide demuestra que ha medida que la posibilidad de rendimiento aumenta, la posibilidad para pérdidas también aumenta. Por lo tanto, a lo mejor quieres limitar las cantidades que inviertes en áreas riesgosas.

Ahora trasládate al segmento siguiente de la pirámide. Esta

sección es para inversiones moderadas. Dentro de las inversiones moderadas se consideran generalmente los bonos, acciones de ingreso y crecimiento y fondos de inversión de ingreso y crecimiento. La casa donde vives también forma parte de este segmento de la pirámide.

Dependiendo de la calidad de los bonos y acciones, éstas se pueden considerar como inversiones conservadoras, moderadas o agresivas. Por ejemplo, los bonos de una empresa privada con un historial pobre en pagos de intereses en los bonos puede en efecto considerarse como una inversión agresiva.

Ahora trasládate al segmento siguiente de la pirámide. Esta sección es para inversiones agresivas o dinámicas. Es posible que las inversiones en acciones agresivas no paguen dividendos a los inversionistas. La compañía pudiese optar por reinvertir las ganancias dentro de la misma, de manera que continúe creciendo. Las inversiones agresivas son más riesgosas que las inversiones fijas y moderadas, pero tienen la posibilidad de mayores ganancias. En las inversiones agresivas pueden incluirse las acciones, bonos o fondos mutuos de compañías recientemente establecidas, compañías jóvenes y las de alta tecnología.

Ahora trasládate al triángulo pequeño en lo más alto de la pirámide. Esta parte se le conoce como el área de inversiones de alto riesgo. Las inversiones con alto riesgo tienen el potencial o la posibilidad de ganancias grandes. Sin embargo, el área de alto riesgo tiene la mayor probabilidad de perder parte o toda tu inversión inicial.

En tanto que la pérdida de capital de inversión es posible con *todas* las inversiones, exceptuando las del capital garantizado en la parte inferior de la pirámide, con las inversiones de alto riesgo el potencial para la pérdida del capital es *muy* alto. Cuando se invierte en el área de alto riesgo, el inversionista debería estar muy bien informado de la inversión en cuestión.

Las inversiones de alto riesgo incluyen los **bonos basura** (por debajo de las clasificaciones de bonos para inversión), sociedad en comandita simple, monedas excepcionales, sellos de correo, **artículos de consumo**, y lingotes de oro o plata. A pesar de que yo no desapruebo en su totalidad cualquier tipo o toda clase de inversión a alto riesgo, yo sí estimulo el aprendizaje del inversionista y una cantidad pequeña de dólares invertidos en ésta área. También recomiendo suficientes inversiones en los niveles restantes de la pirámide antes de aventurarse hacia la categoría de alto riesgo.

En las inversiones no hay reglas rutinarias. Sin embargo, el método más comprobado y legítimo es la variación o diversificación, conocido también como **asignación de activos.** La diversificación es el proceso de invertir en varias secciones de la pirámide. Si esparces los dólares que inviertes a través de las categorías diferentes de la pirámide, se reduce el potencial de pérdida.

Teóricamente, no todas las inversiones prosperan o disminuyen al mismo tiempo. Por ejemplo, cuando las acciones con posibilidades de crecimiento están en alza, entonces los bonos pueden estar en baja. Con la distribución de tus dólares de inversión en los diferentes sectores de la pirámide, lograrás un balance y reducirás el potencial de pérdidas.

El estilo de diversificación seleccionado por el inversionista depende de la necesidad individual. Las personas que se encuentran cerca de la jubilación, arriesgan la pérdida del efectivo necesario si invierten muy agresivamente. Si la persona depende de los ingresos derivados de inversiones para mantener un cierto estándar de vida, debería considerar las inversiones con enfoque entre conservador y moderado.

Sin embargo, el ser *demasiado* conservador hoy día, puede que no sea muy aconsejable debido a la inflación e impuestos. Si una persona vive entre 20 y 30 años más después de jubilarse y el costo de bienes y servicios sigue en aumento a una tasa anual de inflación del 3%, después de 15 años, ¡el costo de vida para esa persona ha aumentado aproximadamente en un 56%! Si el ingreso de esta persona no aumenta, él o ella puede enfrentar la vejez sin el dinero suficiente, en un momento en que la vida debería estar libre de preocupaciones.

¡Otra razón más para comenzar a ahorrar e invertir a tu edad! Te asombrarás de como se acumulan y crecen tus inversiones a través de los años. ¿Recuerdas en el *Capítulo 3 – Ahorrar e Invertir Regularmente… ¡El Tiempo Está a Tu Favor!* de como nuestra inversión de $2,000 creció a más de $145,000?

Para un joven como tú, con el lujo de tener el tiempo a tu favor para soportar las alzas y bajas del mercado de valores, puedes permitirte invertir desde inversiones moderadas hasta inversiones agresivas. Esto representa una ventaja sobre una persona que decide esperar más tarde en la vida para comenzar a invertir.

Una forma híbrida de diversificación es un método de inversión llamado **premediación de costos**. En lugar de invertir todo tu dinero al mismo tiempo, es más práctica la inversión a través de la premediación de costos. La práctica de premediación de costos es un método sistemático de contribuir regularmente una cantidad fija de dólares, o un porcentaje de tus ingresos, a una inversión especifica, digamos mensualmente.

Por ejemplo, si decides invertir, digamos $50 mensuales en el Fondo Mutuo ABC, puede que en un mes tus $50 compren 2 acciones del fondo mutuo cuando el precio está a $25 por acción. Sin embargo, un mes o dos más tarde, quizás el fondo mutuo haya disminuido en precio, digamos a $20 por acción; entonces tus $50 comprarán 2 ½ acciones. Por lo tanto, estás comprando más acciones cuando los precios bajan y menos acciones cuando suben. Al invertir usando el método de premediación de costos, se reduce el riesgo de inversión. Esto elimina el factor emotivo en las inversiones e implementa un plan lógico el cual es perfecto para metas a largo plazo.

A medida que hagas decisiones sobre inversiones recuerda:

- La diversificación de tus inversiones pueden incluir inversiones conservadoras, moderadas, agresivas y de alto riesgo.
- Diversifica tu cartera de inversiones para acomodar tu tolerancia de riesgos.
- Considera invertir usando el método de premedicación de

costos para reducir riesgos.

Ahora exploremos una de las razones mejores para invertir hoy…
para poder pagar por una educación en una escuela vocacional, escuela
postsecundaria o universidad.

CAPÍTULO 13

ENSEÑANZA SUPERIOR

Tu Llave Al Futuro

En mi opinión, éste es el capítulo más importante del libro. La vida en el mundo competitivo del siglo XXI requerirá la mejor educación y habilidades posibles. La educación postsecundaria será más importante que nunca para poder competir para los mejores trabajos que te asegurarán el estilo de vida al cual te gustaría acostumbrarte.

La educación postsecundaria amplía los horizontes de las personas y será muy importante en el ámbito de trabajo del siglo XXI. Se necesitarán títulos universitarios especializados y avanzados para asegurarse de un futuro financiero sólido.

La educación postsecundaria generalmente incluye instituciones vocacionales, también llamadas escuelas de profesiones; community colleges (instituciones municipales o estatales) universidades públicas y privadas; y las facultades de derechos, medicina y dental.

Una meta que debes trazarte definitivamente es la de adquirir una educación postsecundaria. Las asignaturas requeridas por la universidad los primeros dos años te abren puertas a otros lugares del mundo que nunca has visitado. En la universidad encontrarás amistades que tendrás por el resto de tu vida. Las amistades con quienes almorzarás y estudiarás para los exámenes hasta tarde en la noche, serán tus contactos y socios de negocio quienes tendrán conexiones a las carreras y trabajos que tú deseas.

Las siguientes son opciones para obtener una educación universitaria:

1. Escuelas Vocacionales: Muchas profesiones no requieren un título universitario de cuatro años. La preparación para estas profesiones que no otorgan títulos e incluyen ocupaciones como las de obreros manuales y empleados administrativos, se puede obtener a través de escuelas vocacionales. Estas profesiones requieren preparación especializada que se obtiene a través de cursos acreditados que toman menos tiempo y menos gastos.

2. Junior Colleges (Instituciones Estatales): Ésta es una opción para adquirir una educación postsecundaria que ofrece oportunidades para el enriquecimiento educacional a precios razonables. Estas instituciones de estudios superiores a

menudo reciben subvención estatal y local y ofrecen enseñanza a precios razonables.   Estudiando en un junior college, los estudiantes pueden comenzar su educación postsecundaria y mantener los costos bajos viviendo con sus padres.

3. <u>Instituciones Universitarias Subvencionadas por el Estado</u>: Estas instituciones de estudios superiores ofrecen cuatro años de educación a precios razonables. Estas escuelas postsecundarias también ofrecen títulos de maestría y doctorado.

4. <u>Universidades Privadas:</u> Estas instituciones generalmente no están subvencionadas por los impuestos de contribuyentes, y por lo regular cuestan más para asistir. Estas instituciones a veces ofrecen maestrías y doctorados.

5. <u>Facultad de Medicina, Dental y de Derechos</u>: Estas instituciones pueden ser parte del sistema universitario o estar completamente separadas. Estas instituciones son costosas.

Sin lugar a duda, el costo de una educación postsecundaria es una consideración muy importante cuando éstas decidiendo asistir a la universidad. En efecto, cuatro años o más de educación universitaria pueden ser muy costosos.

En la actualidad el costo de matrícula y gastos adicionales en instituciones universitarias de dos años es de un promedio de $3,440 al año; en instituciones universitarias de cuatro años es de un promedio de $9,410 al año; y en universidades privadas $32,410 al año.

Recuerda que además de la matrícula y otros gastos, debes considerar el costo de vivienda, libros y materiales para los cursos. De acuerdo a la región del país, el costo promedio de matrícula, materiales, libros y vivienda para estudiantes residentes de ese estado pueden costar $28,000 o más al año. El costo de gastos similares en las universidades privadas pudiera costar $59,000 o más al año.

Si tienes planes de asistir a una universidad pública, espera que el costo total de un título universitario de cuatro años te cueste de $60,000 a $75,000. Mientras que un título universitario de cuatro años de una universidad privada podría costar $120,000 o más.

Si estas cifras suenan altas, considera el dilema para un estudiante que desea obtener una maestría o doctorado o asistir a la facultad de derechos, facultad de medicina o dental. Un estudiante que tiene planes de obtener un título avanzado, o asistir a la facultad de derechos o medicina gastara $30,000 o más por cado año adicional.

El costo de cuatro a diez años de educación universitaria equivale a una asombrantes suma. ¿Te estas dando cuenta la necesidad de planear por adelantado?

El financiamiento de tu educación postsecundaria no es diferente a ahorrar para cualquier otra inversión financiera. Financiar una educación postsecundaria requiere establecer metas, disciplina y llevar a cabo tus metas.

Aquí tienes algunos consejos prácticos para financiar tu educación postsecundaria:

1. Ahorra habitualmente para la universidad tanto como te sea

posible. Cuanto antes mejor. Sigue las sugerencias en el *Capítulo 4 - Preparar un Presupuesto* para lograr tus metas de ahorros universitarios.

2. La próxima vez que un familiar te quiera dar dinero en efectivo, sugiérele que contribuya a un Plan 529 de Ahorros Universitarios para ti. Éste es un plan de inversión patrocinado por el estado con ventaja tributaria que le permite a los familiares y amistades de un niño a invertir en su educación universitaria. Esta cuenta para la universidad puede crecer con impuestos diferidos y se puede sacar libre de impuestos federales cuando se use para gastos de educación que califiquen.

3. Decide que tipo de institución postsecundaria deseas asistir: universidad pública o privada, facultad de medicina o derechos, o un colegio postsecundario estatal (junior college).

4. Decide cuales universidades te interesan. Averigua sobre varias instituciones postsecundarias obteniendo información de tu consejero escolar, biblioteca publica, el Internet y distintas universidades. Selecciona seis universidades.

5. Haz planes para visitar estas instituciones postsecundarias durante tu segundo año, pero no más tarde que tu tercer año de secundaria. Comunícate con la oficina de admisión para planear una visita al campus universitario. Durante tu visita querrás averiguar los costos de matrícula, hablar con un consejero, recorrer el departamento académico de interés,

hablar con profesores y visitar un asesor en el departamento de ayuda financiera. Visitando estas instituciones académicas podrás determinar cual prefieres asistir.

6. Si el costo te preocupa, asiste a una institución postsecundaria estatal (junior college) por dos años, y después transfiérete a una universidad pública subsidiada por el estado.

7. Los costos educacionales en una universidad en el estado donde resides son considerablemente más bajo que para aquellos que no son residentes. Por lo tanto, si el costo te preocupa, asiste a una universidad en el estado donde eres residente. Fíjate que los requisitos para residencia son muy importantes y varían en cada universidad. Si tienes alguna pregunta referente a tu estatus de residencia, comunícate con un consejero universitario y averigua los requisitos.

8. Entérate de las fechas de vencimiento y el costo de llenar la aplicación para cada institución postsecundaria que te interese asistir.

9. Durante tus visitas a estas instituciones postsecundarias, averigua el costo anual de matrícula, vivienda, comida, libros y materiales. Multiplica el costo anual por el número de años que planeas asistir a la escuela. Éste será el costo aproximado de asistir a la universidad no tomando en consideración la inflación.

10. ¿Recuerdas cuando hablamos de la inflación en el *Capítulo 6 - Impuestos e Inflación?* La inflación puede afectar el costo

universitario negativamente. Si todavía te faltan unos cuantos años para poder asistir a la universidad, también debes incluir como factor el costo de inflación.

Las tasas de inflación para los gastos de matricula, vivienda y comida han variado con el paso de los años. En los últimos 20 años, la inflación del costo universitario ha abarcado del 5% hasta al 10% por año.

Si no asistes a la universidad por cinco años más, el costo de una educación postsecundaria podría aumentar aproximadamente un 47% (5 años al 8% de inflación cumulativa) al momento en que estés listo para asistir. La inflación puede añadir enormemente a los costos universitarios y se debe tener en cuenta en todo presupuesto universitario. Usa la siguiente hoja de cálculo y tabla de inflación para determinar los costos universitarios.

<u>Hoja para Calcular el Costo</u>
1. Número de años hasta que asistirás a la universidad _____
2. Costo anual para asistir a la Universidad en este momento _____
3. Multiplica el costo anual por la tasa de inflación (mira la tabla a continuación). _____
4. Costo anual universitario _____
5. Multiplicado por el número de años que planeas asistir _____
6. Tus costos universitarios previstos para el futuro _____

FACTOR DE INFLACIÓN				
Años hasta	Factor de Inflación			
Comenzar la Universidad	4%	6%	8%	10%
1	1.04	1.06	1.08	1.10
2	1.08	1.12	1.17	1.21
3	1.12	1.19	1.26	1.33
4	1.17	1.26	1.36	1.45
5	1.22	1.34	1.47	1.61
6	1.27	1.42	1.59	1.77
7	1.32	1.50	1.71	1.95
8	1.37	1.59	1.85	2.14
9	1.42	1.69	2.00	2.36
10	1.48	1.79	2.16	2.59

Como puedes ver, es muy importante planear temprano para el financiamiento de tu educación universitaria. Sin embargo, hasta los mejores planes pueden fallar por costos universitarios cada vez más altos. Hay veces que aún planeando temprano, trabajando durante el verano, las inversiones, y ayuda financiera de tus familiares, todo el dinero necesario para financiar tu educación universitaria simplemente puede no estar disponible para emprender tu primer año de estudiante. Éste es el momento que la opción de obtener ayuda financiera estudiantil se vuelve importante.

Conseguir ayuda financiera se convierte en un arte. Necesitas investigar, tener paciencia y creatividad. Puede parecerte difícil encontrar ayuda financiera. Sin embargo, pueden existir más becas y subvención de estudios (grants) disponibles que lo que crees posible.

El resto de este capítulo se dedica a enseñar como financiar tu educación universitaria con ayuda financiera. Puede que el camino no sea fácil. Sin embargo, si estas decidido a tener una vida exitosa, hay medios disponibles para conseguir la educación que tanto deseas.

La ayuda financiera estudiantil incluye:

- Las becas de subvención de estudios son un tipo de ayuda financiera. Este dinero no tienen que ser devuelto.

- Las becas son otro tipo de ayuda financiera. No se devuelven dólar por dólar. Sin embargo, este tipo de ayuda financiera *pudiese* requerir una obligación o compromiso de empleo o servicio después que te gradúes.

- Préstamos. Muchos estudiantes financian su educación postsecundaria ya sea en parte o por completo con préstamos estudiantiles. Los préstamos tienen que ser pagados, pero el período para los pagos de préstamos estudiantiles, por lo general, no comienzan hasta después de la graduación.

- El Programa Federal de Trabajo y Estudio es un tipo de ayuda financiera donde el estudiante trabaja en el campus universitario o fuera del campus, por salario mínimo o más.

Ya que los préstamos tienen que ser devueltos, se aconseja obtener tanta ayuda financiera como sea posible por medio de becas y becas de subvención de estudios (grants). Existe mucha competencia para la ayuda financiera de becas y becas de subvención de estudios. Hay una cantidad de dólares limitado disponibles para estos programas.

Por lo tanto, es fundamental aplicar a estas universidades y llenar las solicitudes de ayuda financiera antes de la fecha de plazo señalada. Si piensas asistir a la universidad en el semestre que comienza en el otoño, no esperes para solicitar ayuda financiera hasta un mes o dos antes de que comience el semestre. ¡Esto no trabaja de esa manera! Solicita la ayuda financiera más o menos un año antes de que planees asistir a la universidad; o a comienzos de tu último año de secundaria. Recuerda que las fechas de límite para aplicar varían en cada universidad.

Para solicitar ayuda financiera estudiantil de los programas federales disponible a través de los Estados Unidos, primero debes de llenar y presentar la *Solicitud Gratuita de Ayuda Federal para Estudiantes* (FAFSA, por sus siglas en inglés). Esta solicitud se consigue por medio de los consejeros de tu escuela, oficinas de ayuda financiera de las universidades, y en el sitio Internet de FAFSA en el Departamento de Educación.

Al llenar la solicitud de FAFSA, tienes la oportunidad de obtener ayuda financiera de una variedad de fuentes. La siguiente es una lista del Programas Federales de Ayuda Estudiantil disponible con una descripción de cada uno:

1. Becas Federales Pell. Las Becas Federales Pell no tienen que devolverse y están disponibles a estudiantes pregrado que no han recibido títulos de bachiller o títulos profesionales. La cantidad otorgada cambia cada año. Actualmente la cantidad máxima otorgada es de $5,815 anual. El obtener una Beca Pell

y la cantidad otorgada dependen de:

a. Necesidad económica

b. El costo de asistir a la escuela

c. Estatus de estudiante a tiempo completo o medio tiempo

d. Tiene planes de asistir a la escuela el año académico completo o menos.

2. Becas Academic Competitiveness Grant Awards otorga hasta $750 para el primer año de estudios pregrado y un máximo de $1,300 para el segundo año pregrado a estudiantes que son elegibles para la Beca Federal Pell y hayan terminado un programa riguroso de secundaria manteniendo un promedio de calificaciones (GPA por sus siglas en inglés) de 3.0 o más.

3. Becas National Science & Mathematics Access To Retain Talent Grant (Becas National SMART) están disponibles para estudiantes de tiempo completo de tercero y cuarto año pregrado los cuales son elegibles para la Beca Federal Pell. Los estudiantes elegibles son aquellos que sus campos de especialización principal son las ciencias físicas, ciencias biológicas, informática, matemáticas, tecnología, ingeniería o idioma extranjero el cual se ha determinado crítico para la seguridad nacional. Las Becas National SMART otorgan hasta $4,000 anual para estudiantes pregrado de tercero y cuarto año.

4. Becas Federales Suplementarias para la Oportunidad Educativa (FSEOG por sus siglas en inglés) son para

estudiantes pregrado con necesidad financiera excepcional. Lo que significa que aquellos estudiantes con el Aporte Esperado de la Familia más bajo serán los primeros en recibir FSEOG. Las Becas Federales Suplementarias para la Oportunidad Educativa no se devuelven. Las becas otorgadas bajo este programa son de $100 and $4,000 anual.

5. <u>Programa de Trabajo y Estudio Federal</u> (FWS por sus siglas en inglés) otorgan a estudiantes pregrado y postgrado con necesidad financiera dinero para gastos educativos a través de trabajos a tiempo parcial. El pago es por hora, puedes ganar la cantidad total de Trabajo y Estudio otorgado. Los trabajos pueden realizarse dentro o fuera del campus universitario y se pueden conseguir comunicándote con la oficina de ayuda financiera

6. <u>Los Préstamos Federal Perkins</u> son de bajo interés (5%) para estudiantes pregrado y postgrado con necesidades financieras excepcionales. La cantidad máxima anual de estos préstamos son de $5,500 por año para estudiantes de pregrado y $8,000 por año para estudiantes postgrado. Los préstamos Perkins normalmente requieren comenzar los pagos de devolución del préstamo nueve meses después de la graduación del estudiante, si te vas de la universidad, o si el estatus del estudiante es menos que tiempo parcial. Tienes aproximadamente 10 años para pagar este préstamo.

7. <u>Préstamo Federal Stafford</u>: estos préstamos son subsidiados a nivel federal y están disponibles a estudiantes que siguen teniendo necesidad financiera después del Aporte Esperado de la Familia (EFC por sus siglas en inglés), Becas Pell, y ayuda financiera de otras fuentes se deducen del costo anual educativo. El gobierno federal paga por los intereses del préstamo mientras estés en la universidad, por seis meses después de que termines la escuela, y si calificas para pagos diferidos. También existen los préstamos Stafford no subsidiados, estos están disponibles para estudiantes que no tienen necesidad financiera después del Aporte Esperado de la Familia, Becas Pell o ayuda financiera de otras fuentes. El gobierno federal no paga los intereses de los préstamos Stafford no subsidiados. Por lo tanto, el estudiante es responsable del interés que se puede pagar mientras esté en la universidad o diferidos hasta después de la graduación. La cantidad otorgada de los préstamos Stafford es de $7,500 anual para estudiantes de pregrado **dependientes** y $12,500 anual para estudiantes de pregrado **independientes**.

8. <u>Los Préstamos Federales Plus</u> están disponibles para que los padres cubran los costos educativos de sus hijos dependientes. Los padres que aplican a los Préstamos PLUS se les requiere tener una historia de crédito aceptable.

Para ser elegible para cualquiera de los programas federales mencionados anteriormente debes:

- Demostrar necesidad económica.

- Ser ciudadano de Estados Unidos o extranjero elegible.

- Tener un número válido de seguro social.

- Cumplir con la inscripción en el Sistema de Servicio Selectivo (si es requerido).

- Contar con un diploma de la escuela secundaria (high school) o con un Certificado de Formación Educativa General (GED por sus siglas en inglés) o aprobar un examen autorizado de Capacidad para Beneficiarse (ATB por sus siglas en inglés)

- Estar cursando un programa de estudios aprobado que lleve a obtener de un título o certificado.

- No deber dinero de una beca federal o estar en incumplimiento de pago de un préstamo federal.

- No tener condenas relacionadas a drogas.

Estos son algunos datos importantes que debes de proporcionar en la aplicación de FAFSA:

1. Información personal como tu nombre, dirección (para requisitos de residencia), número de seguro social (si no tienes un número de seguro social aplica para uno), licencia de conducir, y si eres o no ciudadano de los Estados Unidos.

2. Tu nivel educacional

3. Título o certificado

4. Tu estatus de estudiante

5. Información sobre tu familia, esto incluye número de

miembros en tu casa, y el estado civil de tus padres o guardián.

6. Ingresos, ganancias y beneficios. Necesitas saber las ganancias del año anterior a asistir a la universidad, así que busca la declaración de impuesto de tus padres. Las ganancias incluyen salarios de empleo, mantenimiento de hijos, Ayuda a Familias con Niños Pequeños, y beneficios de Seguro Social libres de impuestos.

7. Información sobre los bienes del estudiante y sus padres. Los bienes incluye dinero en efectivo, ahorros y otras cuentas de cheques. El valor de mercado de bienes raíces y otras inversiones y la cantidad en deudas. Otras inversiones que pueden incluirse son las acciones y bonos, fondos mutuos, y lingotes de oro y plata. La casa donde vive tu familia no necesita incluirse.

8. Las instituciones universitarias y sus Códigos Federales de Escuelas. Existen seis espacios para esta información. Se aconseja que apliques hasta seis instituciones universitarias. Si no te aceptan en unas, todavía tienes otras que pueden aceptarte.

9. La firma tuya y de tus padres.

10. Una vez completada tu aplicación de FAFSA, haz una copia para tus récords. Puedes enviar tu aplicación por correo, sin embargo, si aplicas a través del Internet con FAFSA *on the Web* @ www.fafsa.ed.gov tu aplicación será procesada más rápido.

Cuando procesen tu aplicación de FAFSA, se le aplicará una fórmula a la información que tú has proporcionado para determinar tu necesidad financiera. Esta fórmula toma en consideración los ingresos de la familia, los bienes, gastos básicos de vivienda, etc.

El resultado de esta fórmula será el Aporte Esperado de la Familia (EFC por sus siglas en inglés). Ésta es la cantidad que se espera tú y tu familia contribuyan hacia tu educación para el próximo año escolar. En caso de que tu EFC esté por debajo de un cierto nivel, serás elegible para una beca federal. El EFC también será usado para determinar otras ayudas financieras federales incluyendo el Programa Federal de Trabajo y Estudio y otros préstamos.

Puedes chequear el estatus de tu aplicación FAFSA por Internet. Aproximadamente dos semanas después de enviar tu FAFSA, recibirás información respecto a tu Reporte de Ayuda Financiera (SAR por sus siglas en inglés). El SAR incluirá información que tú proporcionastes en tu aplicación junto con el Aporte Esperado de la Familia. Una copia del SAR estará disponible a las universidades que tu seleccionastes.

Una vez que las universidades que tú escogistes reciban tu SAR, la persona a cargo de la ayuda financiera determinará tu elegilibilidad financiera.

La ayuda financiera se determina mediante:

- Costo de asistir (matrícula y gastos, vivienda y comida, libros y materiales, subsidio para gastos de transportación y gastos misceláneos).

- Aporte Esperado de la Familias (EFC)

- Elegilibilidad para una Beca Federal Pell
- Ayuda de Otras Fuentes

Tu EFC, elegilibilidad para Beca Pell y Ayuda de Otras Fuentes son deducidas del costo total de asistir a la universidad para llegar a la cantidad de ayuda financiera que recibirás.

La universidad o institución académica se comunicará contigo respecto al tipo y cantidad de ayuda otorgada a la que tienes derecho. Puedes aceptarla o rechazarla. Se decides no asistir a esa determinada universidad, se responsable y comunícate con su oficina de ayuda financiera para informales de tu decisión, así otro estudiante merecedor podrá recibir ayuda financiera.

Además de los programas de ayuda financiera federal, existen otras fuentes de ayuda estudiantil disponible. Estos programas de ayuda financiera incluyen:

1. Área de Estudio Especializada. Si deseas especializarte en un área, por ejemplo ingeniería, pueden haber becas disponibles a través de ése departamento en la universidad, compañías locales u organizaciones de comercio, para ayudarte a reducir los altos costos de esa determinada ocupación. Sin embargo, estos tipos de becas pueden que solamente estén disponibles para estudiantes de tercero y cuarto año. Comunícate con la oficina de ayuda financiera de la universidad para más detalles.

2. Las Becas del Estado disponibles a través de cada estado pueden incluir becas para enseñar, becas para enfermeras y becas para minorías/étnicas. Las becas del estado están

basadas en merito académico, los resultados del SAT y ACT, así como también necesidad financiera. Este tipo de beca puede conllevar compromiso a una vocación específica después de la graduación. Para obtener más información acerca de las becas del estado disponibles en tu estado de residencia, comunícate con la oficina de ayuda financiera en la universidad que contemplas asistir.

3. Las Becas Nacionales están basadas en merito académico, los resultados del SAT y ACT, así como también necesidad financiera. La biblioteca pública, oficina de ayuda financiera de la universidad y el Internet son buenos recursos de información con respecto a las becas nacionales

4. Becas ROTC. Los programas del Air Force (Fuerzas Aéreas), Army (Ejercito), and Naval Reserve Officers Training Corps (Marina) ofrecen becas y oportunidades profesionales para estudiantes. Estos programas pueden pagar la matrícula, gastos, libros, materiales y proporcionar un estipendio mensual libre de impuestos. Los participantes toman cursos de ROTC mientras se dedican a cursar sus clases para sus títulos universitarios. Después de graduarse y completar los requisitos del ROTC, los participantes entonces son comisionados y comienzan sus servicios en la rama de las Fuerza Armadas que escogieron.

5. Búsqueda de Becas. Cuando se buscan becas por Internet, a través de la universidad que has escogido, o pagándole a una

compañía de buena reputación que se dedica a búsquedas de becas, puedes descubrir becas o fondos para préstamos que son ofrecidos por agencias o compañías fuera de tu ciudad o estado. Factores como tus metas académicas, la profesión de tus padres, lugar de residencia, o estatus como veterano pueden hacerte elegible para becas o préstamos de bajo interés.

Aquí tienes algunas sugerencias brindadas por las universidades o institutos profesionales para aquellos estudiantes en búsqueda de becas:

1. Escribe en máquina las cartas, cuestionarios, composiciones y cualquier otra información que sea parte del proceso de aplicación para becas.

2. Cuidadosamente lee todo el material de la aplicación antes de enviarla. Asegúrate que no tiene errores tipográficos, o que el papel no esté sucio o arrugado.

3. Cuenta con una amistad, maestro o familiar de confianza que te revise tu aplicación de becas antes de enviarla, para corregir cualquier error en tu aplicación.

4. Asiste a talleres de becas y habla con personas las cuales ya han recibido becas. Averigua lo que hicieron esto individuos para poder recibir becas.

Como puedes ver, se necesita mucha información para llenar la aplicación de ayuda financiera, así que no **procrastines** y esperes completar la aplicación al último minuto. ¡El proceso de aplicación toma tiempo, así que empieza temprano!

No importa el tiempo que tome, el proceso de aplicación para la ayuda financiera es extremadamente importante. En fin de cuentas, puede ser la diferencia entre ir o no a la universidad.

Recuerda una regla de suma importancia cuando estés buscando ayuda financiera para la universidad:

- Considera todas las fuentes... ¡trata todos los medios posibles!

También recuerda, solo porque no califiques para un tipo de ayuda financiera en tu primer año de universidad, no significa que no serás elegible en uno o dos años más. Veras que a la vez que pasas el obstáculo del primero y segundo año universitario, habrá más oportunidades de ayuda financiera de los departamentos y de fuentes en tu campo de especialización.

Si por cualquier razón no puedes asistir inmediatamente a la universidad después de la secundaria, no te desanimes. ¡Recuerda, el tiempo está a tu favor! Si fuese necesario, tómate uno o dos años para ahorrar más dinero. Solo no pospongas tu decisión de asistir a la universidad por demasiado tiempo. Estar fuera de la escuela por demasiado tiempo no es lo mejor. Sales de la práctica de ser estudiante, y hay veces que la demora conduce al olvido permanente. Una alternativa sería asistir a la escuela tiempo parcial por uno o dos años, aún trabajando tiempo completo.

Realmente, con el vasto apoyo disponible a través de las becas, el programa de estudio y trabajo y los préstamos, no debe de existir excusa para posponer indefinidamente una educación universitaria.

Obtener una educación universitaria puede no ser fácil. Nadie en este país tiene garantizado una educación universitaria. Por lo tanto, para obtener una educación universitaria requiere *tu* determinación, mucho esfuerzo y energía.

Recuerda que habrá mucha competencia en el Siglo XXI y aquellos que tienen los conocimientos... tendrán el poder. Si estás dispuesto a dedicarle mucho esfuerzo e inteligencia, hay formas de obtener esa educación. ¡La decisión está en tus manos!

En resumen:

- Una educación universitaria puede ser el camino a un futuro exitoso.

- Si te faltan algunos años para comenzar la universidad, ten presente que la inflación puede aumentar el costo universitario cuando estés listo para asistir.

- Visita las universidades que te interesan asistir uno o dos años antes.

- Existen muchas fuentes de ayuda financiera para asistir a la universitaria; se tenaz y creativo.

Ahora que hemos hablado de la educación postsecundaria, en el *Capítulo 14*, hablaremos lo que optimistamente pasará después... ¡empleos!

CAPÍTULO 14

EMPLEOS

¡Haz Lo Que Te Gusta!

Ya sea que estés buscando empleo ahora o cuando te gradúes de la universidad, existen una serie de pasos a cumplir al salir a buscar trabajo. A continuación van algunas indicaciones y sugerencias para encontrar el trabajo de tus sueños.

Opino que los trabajos buenos de verdad no se encuentran en la sección de oportunidades de empleo del periódico. Sin embargo, los periódicos suelen ser un buen comienzo en la búsqueda de un empleo.

Una técnica buena para la búsqueda de empleos es establecer contacto con las compañías en las que te gustaría trabajar y preguntar por el nombre de la persona que contrata los empleados. Luego comunícate por teléfono con esa persona para solicitar una entrevista.

Infórmales a todas las personas que conoces que estás buscando trabajo. Esto incluye a tus padres, familiares, amistades de tus padres, maestros, entrenadores de deportes, consejeros escolares, clérigos, los padres de tus amigos y a las personas donde haces tus compras o transacciones comerciales. En otras palabras, toda la gente que conoces debería saber que estás buscando trabajo. El **establecer contactos** es una forma excelente de obtener un buen empleo. De esta manera ninguna fuente queda inexplorada.

Los gobiernos municipales y estatales tienen centros de servicio de búsqueda de empleos donde puedes buscar trabajos, ya sea impresos en un listado, en datos de base computarizado y en el Internet. Regresa todas las semanas y revisa los nuevos listados... sé persistente. Esto tomará tiempo. El personal se dará cuenta que estás actuando seriamente y estará más propenso a pensar en ti y tus habilidades adquiridas al recibir informes de nuevos empleos.

Las agencias de trabajo temporal pueden ser la entrada a una posición con una compañía. Inscríbete en una agencia de trabajo temporal y comienza en trabajos pequeños a tiempo parcial. Así un empleador potencial tiene la oportunidad de verte trabajar y puede ofrecerte empleo a tiempo completo.

Otro medio de búsqueda de empleo es el Internet. Existen numerosos sitios y buscadores en la Red Informática que se especializan en oportunidades de trabajo. Puedes buscar por categoría y lugar del empleo.

Durante tu búsqueda de empleo, prepárate para oír el "no" y no te desanimes. También prepárate para el "sí". Cuando tengas el "sí" para una entrevista de empleo, tendrás que prepararte para dicha entrevista.

Las entrevistas son muy importantes para conseguir un empleo. Tu apariencia, comportamiento y aptitud para comunicarte son factores a considerar antes y durante la entrevista. Recuerda, solamente tienes una oportunidad para hacer una primera impresión.

Cuando vayas a la entrevista para un trabajo, hazte la idea que vas a actuar en una obra teatral. Tienes que prepararte para la entrevista. Al preparar lo que vas a decir, como responder a las preguntas y lo que vas a preguntar acerca del empleo, te hará sentir más relajado durante la entrevista.

Comienza tu preparación para la entrevista escribiendo las preguntas que quieres hacerle al empleador sobre el trabajo. Empieza primero con las preguntas más importantes. Éstas incluyen:

- ¿Cuáles son las responsabilidades del trabajo?
- ¿Qué espera el empleador de la persona contratada?
- ¿Quién es mi superior?
- ¿Cuál es el sueldo?
- ¿Cuáles son los beneficios? Los beneficios pueden incluir seguro médico, pago por enfermedad y vacaciones pagadas.
- ¿Cuáles son las horas?

También es importante resumir al empleador, en pocas palabras tanto como sea posible, porqué quieres el trabajo y porqué la compañía debería ofrecerte el trabajo.

Además, prepárate a responder algunas preguntas tales como:

- ¿Por qué estás interesado en el empleo?
- ¿Por qué serías bueno en el trabajo?
- ¿Cuáles son las cualidades y habilidades que traes al empleo?

Antes de ir a la entrevista, redacta una lista de trabajos y responsabilidades que has tenido en el pasado. Si nunca has trabajado, puedes incluir cursos que has estudiado, actividades extraescolares y referencias.

Las referencias son una lista de personas que tu posible empleador pueda contactar para obtener más información de ti. Un posible empleador puede pedir una referencia sobre tu comportamiento, tus cualidades positivas y negativas, y tu buena disposición de ser responsable y llegar a tiempo.

Siempre pídeles permiso para usar sus nombres a las personas que vas a usar como referencias. Si tienes alguna duda sobre si una persona no dará referencias a tu favor, no la uses como referencia. Junto con los nombres de referencias, incluye los cargos o puestos, direcciones y números de teléfonos. Incluye la mayor cantidad de referencias posibles, como mínimo dos o tres. A medida que progreses en tus empleos y experiencias personales, actualizarás o añadirás a tu lista de referencias.

La práctica verdaderamente hace la perfección. Con tu lista de preguntas, respuestas y comentarios al empleador, párate enfrente de un espejo. Mírate a los ojos, haz las preguntas y dale las respuestas al espejo. No te desanimes si no te sientes cómodo o si se te olvida lo que vas a decir. Simplemente practica una y otra vez enfrente del espejo.

Pídele a un amigo o familiar que te ayude a realizar una práctica de entrevista haciendo el papel del empleador potencial. En esta práctica, haz que tu amigo se siente tras una mesa o escritorio para que la práctica de entrevista sea lo más real posible. Dale a tu "empleador actor" la lista de preguntas que debe hacerte. Tu trabajo es responder a cada pregunta y pretender que estás en una entrevista de empleo real. También hazle preguntas a tu "empleador actor" así te sentirás más cómodo durante la entrevista verdadera.

Es importante tener un **résumé** bien hecho. Un résumé contiene tu nombre, dirección, número de teléfono, formación académica, historial de trabajo con fechas, pasatiempos, trabajo de servicio comunitario, actividades sociales y referencias.

A fin de tener un résumé con la mejor apariencia profesional posible, saca de tu biblioteca libros en cómo preparar un résumé y léelos detenidamente. Algunas agencias de servicio de empleo y universidades tienen personal que te ayudarán de gratis a escribir un résumé. Para un empleo de alto salario, toma en consideración pagarle a un profesional para que prepare tu résumé.

Las razones de tener un résumé bien hecho y escrito a maquina o computadora son:

1. Un résumé tiene aspecto profesional y demuestra que tienes una actitud profesional hacia el empleo.

2. Tienes una descripción detallada a mano de la información necesaria cuando te piden que llenes una solicitud.

3. Tu résumé puede ser enviado rápidamente por correo postal o correo electrónico si llamas al empleador y éste te pide que primeramente envíes un résumé.

He aquí algunas sugerencias para el día de tu entrevista:

*   Calcula tiempo suficiente para llegar al lugar de la entrevista.

*   Llega con diez minutos de anticipación.

*   Dile a la recepcionista que estás ahí para una entrevista

*   Respira profundo para controlarte los nervios.

*   Repasa tus anotaciones y el résumé.

*   Relájate, sonríe y haz lo mejor durante la entrevista.

No te desanimes si no consigues el empleo. No te rindas y continúa yendo a *muchas* entrevistas. ¡Alégrate si te dan el trabajo!

Si descubres que una de tus referencias realmente causó una buena impresión a un empleador, envíale una tarjeta de agradecimiento a esa persona. Las personas agradecen que se les reconozca por sus esfuerzos y recordarán el tuyo cuando en un futuro reciban llamadas de posibles empleadores.

Cuando obtengas un empleo, no tengas la mentalidad de que es el único trabajo que vas a tener. El futuro está en la movilidad laboral. Mantén abiertos ojos y oídos. Habrá otra oportunidad de empleo al doblar de la esquina. Un buen rendimiento en tu empleo actual se convertirá en una referencia para un empleo futuro.

Al considerar tu futuro en el mundo laboral, mantén presente esto... ¡Haz lo que te gusta y no te equivocarás! A veces los mejores empleos no pagan sueldos altos al principio. Éste suele ser el caso en profesiones tales como periodismo, publicidad, cine y televisión, para nombrar sólo algunas. Una persona normalmente tiene que comenzar desde abajo para después ascender en su trabajo. Un empleo puede ser excitante y estimulante, pero se convierte en decisión difícil si también se te presenta una oferta de empleo que paga más.

Piensa detenidamente. No recomiendo renunciar a la felicidad por unos dólares más y un trabajo sin salida que te hará infeliz. Un empleo con un sueldo menor pero con más oportunidades hoy día para la creatividad y un sueldo mayor en el futuro, puede ser tu ruta a seguir.

Por lo tanto, en resumen:

- Comunícales a todos que estás buscando empleo; eso se llama establecer contactos.
- Prepara un résumé de primera calidad.
- Practica para tu entrevista de empleo.
- Prepárate. Solamente tienes una oportunidad para hacer una primera impresión.
- ¡Busca un trabajo que te guste!

Si descubres que no eres el tipo de persona que le gusta trabajar de 8 a.m. a 5 p.m. y no puedes encontrar un empleo que te guste, quizás necesitas crear tu propio empleo. Continúa leyendo en el *Capítulo 15 - ¡Tú Eres Tu Propio Jefe!*

CAPÍTULO 15
¡TÚ ERES TU PROPIO JEFE!
Haz Que Te Funcione

Más y más personas están formando sus propios negocios. En el *Capítulo 2 – Establecer Metas,* yo sugerí que en un día de nieve en vez de mirar la televisión, fuese muy buena idea ganar dinero paleando nieve. Si seguiste mí consejo, tú también puedes emprender tu propio negocio. **Puedes ser un empresario; una persona que organiza y administra su negocio.**

En los Estados Unidos, un negocio pequeño se define como un negocio de riesgo que es independiente y administrado por el dueño y que su industria o campo de operación no es controlado.

La Administración de Negocios Pequeños (www.sba.gov) ha calculado que en los Estados Unidos existen más de 28.2 millones de negocios pequeños.

Ten presente que más del 50% de los negocios pequeños se disolvieron a los cinco años de haber abierto. La disolución incluye la venta del negocio, fusiones, adquisiciones o cierres involuntarios como bancarrotas, fracasos y terminación.

Sin embargo, ¡no dejes que esto te detenga! La escasez de información adecuada, preparación y capital activo disponible son las causas de que los dueños de negocios pequeños fracasen.

¿A qué tipo de trabajo deseas dedicarte? ¿Qué tipo de talento tienes? Hay nieve para palear, casas y cercas para pintar, mascotas para caminar y asear, computadoras para trabajar, niños que cuidar, casas que limpiar, páginas de Internet para diseñar, investigaciones por realizar, mecánica de automóviles, leyes, medicina, contabilidad, odontología o planificación financiera por nombrar solo algunos. Todos estos trabajos pueden ser realizados por un empresario que es **trabajador por cuenta propia.**

Aun si planeas manejar un negocio a medio tiempo, desde un principio trátalo como una profesión. El primer paso a tomar para emprender tu propio negocio es consultar con un contador. Necesitas conocer sobre tu responsabilidad hacia los impuestos al igual que las ventajas.

Las personas que tienen sus propios negocios tienen deducciones de impuestos y ventajas que no son disponibles para los empleados con salario. Por ejemplo, puedes deducir los costos del manejo del negocio, como la renta de un local para la oficina, materiales, gastos de automóvil, herramientas necesarias para el negocio, muebles de oficina, etc. Deducir los costos del manejo de tu negocio significa que la cantidad de impuestos que pagas, se basa en tus ingresos netos, en lugar de tus ingresos brutos.

Muchos negocios pueden manejarse desde la casa. Hasta el 50% de negocios pequeños nuevos se manejan desde la casa del dueño. Las computadoras, máquinas de fax y nuevos sistemas de telecomunicación hacen el manejo de negocios desde la casa más fácil que nunca.

Existen ventajas al trabajar desde la casa. Por ejemplo, puedes ahorrar dinero en la renta de un local para una oficina, lo cual para un negocio nuevo con un presupuesto limitado podría ser mucho dinero. También una persona independiente trabajando desde casa puede ahorrarse tiempo al no tener que viajar a una oficina. De esta manera, ahorrando cientos de horas al año.

Existen inconvenientes, como el que los clientes vayan a tu casa, y algunos negocios sencillamente no pueden manejarse desde la casa. También hay que tener mucha disciplina para trabajar desde la casa. El dueño de un negocio no puede distraerse, o dejar que su día laboral se interrumpa por malos hábitos de trabajo.

Antes de invertir tiempo o dinero en tu propio negocio, lee libros acerca del tema, asiste a seminarios y puede que desees consultar con un contador o abogado para tratar cualquier asunto legal o de impuestos que pudiera presentarse.

1. Pregúntate a ti mismo:

    a. ¿Qué es lo que quiero hacer?

b. ¿Me pagarán por este servicio?

2. Habla con personas que ya estén en esa profesión. Ellos se sentirán alagados. Pregúntales:

a. ¿Qué es lo que les gusta y que es lo que les desagrada acerca de su profesión? Una vez yo pensé que me gustaría ser abogado. Después de trabajar para varios abogados y hablar con muchos de ellos, decidí que no era la profesión a la que quería dedicarme.

b. ¿Qué educación se requiere? Algunas profesiones para propietarios independientes requieren un título universitario, amplia educación, licencias especiales o designaciones especiales.

c. ¿Cómo comenzaron ellos?

d. Pídeles sus sugerencias y recomendaciones para ser propietario independiente.

e. ¿Qué errores han cometido ellos en sus propios negocios?

f. ¿Cuánto cuesta empezar?

g. ¿Cómo anuncian y promueven sus negocios?

h. ¿Qué harían diferente o igual?

La Administración de Negocios Pequeños y los community colleges locales son buenas fuentes de información referente a como ser dueño y manejar tu propio negocio.

Si emprender tu propio negocio es lo que te interesa, lee muchos libros acerca del tema. Algunos libros han sido incluidos en las *Fuentes de Información Adicional* en la última parte de este libro. Hay buenas revistas mensuales para el trabajador por cuenta propia. Éstas también están incluidas en las *Fuentes de Información Adicional.*

Buscando información, hablando con profesionales de negocios, leyendo libros y artículos de revista en la profesión elegida, podrás decidir, si tienes lo que se requiere para ser dueño de un negocio.

En resumen:

- Los dueños de negocios no planean fracasar, ellos pueden fracasar al planear.

- Obten ayuda para tu negocio de organizaciones como los community colleges y la Administración de Pequeñas Empresas.

- Desde el principio, trata tu negocio como una profesión.

- ¡Dedícate a lo que te gusta, y disfrutarás lo que haces!

Ya sea que eres dueño de un negocio o que tienes un trabajo de salario, algo que vas a necesitar en algún momento de tu vida es crédito. Continúa leyendo el próximo capítulo y aprende como obtener y mantener un bueno crédito.

CAPÍTULO 16

CRÉDITO Y TARJETAS DE CRÉDITO

Una Palabra De Advertencia

Buen crédito es algo *muy* bueno. Al abrir una cuenta de cheques o una cuenta de ahorros, has establecido una forma de crédito.

Para establecer aun más crédito, puedes dirigirte a tu banquero donde tienes tu cuenta de cheques o de ahorros y solicitar un préstamo pequeño… digamos $100. El banco te pedirá que llenes una solicitud y evidencia de que puedes pagar el préstamo. Tal vez, puedas obtener un préstamo si algún familiar firma como codeudor (promete pagar, si tú no lo haces)

Podrás establecer buen crédito haciendo tus pagos a tiempo todos los meses. Si estableces un buen historial de pago, la próxima vez que pidas un préstamo, es posible que puedas obtener un préstamo por más cantidad.

Para muchos jóvenes, tanto como para adultos, su primer préstamo grande es para la compra de un automóvil. Puedes financiar el automóvil a través de tu banco, institución de préstamo o hasta incluso la agencia de automóvil. .

Muchas tiendas por departamentos y tiendas de comercio les conceden crédito a los clientes que compran sus productos. Sin embargo, la taza de interés para estos tipos de cuentas puede ser muy alta, por lo tanto, la deuda se debe pagar en su totalidad cada mes.

Probablemente no conoces el mundo de los préstamos de dinero. Debes conocer las consecuencias negativas que resultarían si te atrasas o dejas de pagar el préstamo. Lamentablemente, a la vez que una persona se encuentra en deudas serias, resulta muy difícil salir de esa deuda.

En los Estados Unidos, más de 800,000 bancarrotas fueron declararon para la fecha del 30 de junio, *2016. Hoy, muchos estadounidenses tienen serias deudas. Parte de la razón pudiera ser el hecho de que muchas más personas que antes se les da acceso a tarjetas de crédito. Las tarjetas de crédito si no se manejan prudentemente, pueden llevarte a serios problemas financieros.

El tener buen crédito, enfatizo, *buen* crédito, es muy positivo. Con un buen crédito, una persona puede comprar un automóvil o una casa con mensualidades fijas. Esto es un privilegio puesto que la mayoría de las personas no pueden pagar un automóvil en efectivo y mucho menos una casa. El abuso de crédito puede convertirse en una bomba de tiempo en tus manos, si se maneja indebidamente.

En el *Capítulo 6* hablamos de como la inflación que se acumula año tras año puede aumentar considerablemente el costo universitario. Una situación semejante puede ocurrir cuando se piden préstamos indebidos. Si las personas gastan más con las tarjetas de crédito y no pagan el saldo cada mes, pueden terminar pagando más de lo que gastaron. Muchos adultos no entienden que solamente haciendo pagos mínimos en sus tarjetas de crédito, le tomará años para pagar lo que deben.

Estos son algunos principios a seguir para no caer en deudas serias:

1. Evita solicitar varias tarjetas de crédito. Tu banco puede ser una buen lugar para obtener una tarjeta de crédito

2. Compara distintas compañías de tarjetas de crédito. Las compañías de tarjetas de crédito son muy competitivas. Quieren tu negocio. Muchas compañías de tarjetas de crédito cobran intereses que varían desde el 15% hasta el 21% anual. Al comparar precios encontrarás una compañía de tarjetas de crédito que te ofrezca una tasa de interés baja.

3. Si una tarjeta de crédito te es imprescindible, carga en ella solo lo que puedas pagar en su totalidad en uno mes o cuando más en dos meses. Lo mejor es pagar todos los meses el saldo total de tu tarjeta de crédito. Solamente pagando el mínimo mensual (aproximadamente el 2% del saldo), como hacen muchos adultos, puede llevarte a serios problemas.

4. Se cauteloso cuando recibas una tarjeta de crédito por correo que no has pedido. Te sugiero la rompas. Tendrá una alta tasa de interés y costo anual.

Recuerda que el negocio de las compañías de tarjetas de crédito es hacer dinero. Puede que no investiguen cuidadosamente las solicitudes y ofrezcan más crédito que el que la persona puede pagar.

Recuerda nuestro refrán: "Las personas no planean fallar, sino fallan planificar." No consideres un préstamo de dinero ni las tarjetas de crédito, como cualquier proyecto de inversión. Si tus inversiones te pagan el 10% y tus tarjetas de crédito te cobran el 20%. ¿Algo no anda bien con esta situación?

He aquí una sugerencia que puedes compartir con tus padres. Si ellos tienen tarjetas de crédito con intereses altos, sugiéreles que se comuniquen con las compañías de sus tarjetas de crédito y traten de negociar un interés más bajo. Le pueden decir a la compañía de tarjetas de créditos que desean continuar haciendo negocios con ellos, sin embargo, están preparados a llevar su negocio a otras compañías que ofrecen intereses más competitivos y bajos (éste es el negocio de las compañías de tarjetas de crédito). Muchas compañías bajarán inmediatamente su interés y cancelaran el cargo anual. Sugiéreles a tus padres que lo intenten, merece la pena la llamada telefónica.

Se tan cauteloso con tus hábitos de préstamo como con tus ahorros e inversiones. Las tarjetas de crédito en este país han alcanzado un nivel epidémico. Muchas personas tienen deudas de $30,000, $50,000 o más en tarjetas de crédito. No permitas convertirte parte de esa estadística. Con las tazas de interés altas, pudiera tomar 10 años o más pagar las tarjetas de crédito en su totalidad si solo se hacen pagos mensuales mínimos.

Mi consejo es que no empieces con deudas en tarjetas de crédito:

- Paga el saldo completo todos los meses
- Busca un trabajo adicional, digamos de medio tiempo, para pagar las tarjetas de crédito en su totalidad lo antes posible.
- Negocia los intereses de las tarjetas de crédito. Por ejemplo, si debes $5,000 en una tarjeta de crédito a un interés del 18%, pagaras aproximadamente $900 en interés al año. Si negocias la taza de interés al 11%, la cantidad de interés que pagaras disminuirá a $550 al año. Casi la mitad más bajo. Eso es un gran ahorro.

Las deudas de las tarjetas de crédito con intereses bajos pueden ahorrarle a la persona cientos y hasta miles de dólares al año. Yo sugiero que cualquier cantidad que se ahorre debido al bajo interés, se utilice para reducir el saldo de las tarjetas. Ese pago adicional ayuda a reducir el tiempo que toma pagar por completo la deuda de la tarjeta.

En resumen, cuando se trata de crédito y tarjetas de crédito:

- Establece buen crédito adquiriendo préstamos pequeños y de esa manera aumentaras tus posibilidades de obtener préstamos mayores para la compra de un automóvil, casa o negocio.
- Desarrolla buen crédito haciendo los pagos a tiempo
- No te quedes atrapado en el juego de las tarjetas de crédito.

Carga solamente lo que puedas pagar en su totalidad cada mes

Ya no más advertencias... ahora consideremos tu **filosofía** financiera. Continúa leyendo.

CAPÍTULO 17

CONCLUSIÓN

¡La Filosofía De Sí Lo Puedo Hacer!

Ya hemos llegado al final de nuestra aventura acerca del manejo del dinero. ¿Sabes más ahora sobre el dinero y las finanzas? ¿Crees que sabes todo lo que existes acerca del manejo del dinero y las inversiones? ¡Pues no! Como mencione al comienzo, este libro es solo el principio sobre el manejo del dinero y la acumulación de riquezas. Lo que has aprendido hasta el momento son conceptos fundamentales. Los conceptos fundamentales pueden ser muy útiles, aunque está en tus manos continuar educandote sobre el manejo del dinero. Encontrarás muchas fuentes de información a tu disposición.

Por ejemplo, existen revistas y sitios web que se dedican totalmente a dar consejos prácticos sobre como ahorrar, invertir y hacer dinero. Los estantes de las bibliotecas están repletos de libros sobre como invertir en acciones, bonos, fondos mutuos, aventurarse con bienes raíces, entrar en la universidad, conseguir trabajo, hacer presupuesto y financiar tu primer automóvil, una educación universitaria o tu casa.

¡Tu biblioteca local es prácticamente una mina de oro de información... gratis! Encontraras periódicos de inversión muy provechosos como *El Wall Street Journal* y *Barrons*. Hay también publicaciones con información útil y divertida sobre como invertir. Algunas de éstas incluyen *Fortune, Money, Forbes*, y las sección financiera de las revistas *Newsweek* y *Time*.

Te animo a leer la *Fuentes de Información Adicional* seguido de este capítulo. Saca de la biblioteca y lee tantos libros como te sea posible. Si obtienes solo una idea de cada libro que leas, tendrás mucho conocimiento de inversión. ¡Invierte tu tiempo en aprender sobre finanzas, e invertirás verdaderamente en tu futuro!

Hay también programas de televisión dedicados totalmente a la investigación de inversiones. Mi favorito es el programa de televisión *Mad Money de* Jim Cramer. CNBC es una cadena de televisión dedicada en gran parte al tema de inversiones. A través del día laboral veras cotizaciones de la bolsa en la parte inferior de la pantalla. Otros como CNN tienen programas regulares al estilo de noticias donde invitados expertos contestan preguntas sobre inversiones.

Lee las biografías de los gerentes de fondos mutuos como Peter Lynch y Warren Buffett. ¡Es muy interesante aprender como ellos llegaron a donde se encuentran hoy, manejando fondos mutuos valorados en mil millones de dólares!

Los periódicos locales tienen una sección de negocios, la cual contiene cotizaciones de la bolsa de valores, los fondos mutuos y consejos de inversión.

Conoce a un agente de bolsa, especialista de fondo mutuo o asesor financiero. Si tienes un proyecto en tu clase o necesitas escribir un reporte, muchas personas de negocio le agradaría dedicarte algún tiempo para responder a tus preguntas.

Al principio, en tu búsqueda para adquirir más conocimiento sobre inversiones, el material que lees o los programas de televisión que miras pueden ser confusos. ¡Como cuando primero comenzaste a leer este libro! Si tienes paciencia y continúas leyendo revistas y libros financieros, y mirando programas financieros en la televisión, con el tiempo la jerga de inversión tendrá sentido. ¡Es entonces cuando el manejo del dinero, las finanzas y la inversión se vuelven divertidos!

Mi deseo es que continúes en búsqueda de información sobre el manejo del dinero y las inversiones. Siendo persistente e inquisitivo cosecharás beneficios económicos. Mis mejores deseos y éxito. ¡Que este libro sea un *módem al dinero* que permanezca contigo *toda tu vida!*

GLOSARIO

Un diccionario es una fuente de información maravillosa. Te recomiendo que lo uses a diario para entender mejor el significado de las palabras. Este glosario se ha incluido para ayudarte a entender mejor los consejos y principios presentados en este libro.

acciones comunes - una inversión que representa propiedad en una corporación. No existe un porcentaje definido de dividendo y no tiene los privilegios de las acciones preferidas, sin embargo le otorga al dueño voto en las reuniones de accionistas en proporción a las acciones poseídas.

acciones preferidas – acciones de las cuales los dividendos deben pagarse antes que los de las acciones comunes; generalmente reciben preferencia en la distribución de activos.

acciones –propiedad de un individuo en una compañía demostrado por un certificado.

accionista de acciones comunes – los dueños de acciones comunes en las acciones de una compañía.

accionistas – dueños de las acciones de una compañía.

activos - el valor de las pertenencias de una persona, esto incluye efectivo, ahorros, acciones, bonos, lingotes de oro y plata, bienes raíces y otras inversiones.

acumulado – interés sobre la cantidad original de interés más el interés acumulado, el cual se acumula a intervalos regulares.

Administración de Negocios Pequeños – organización federal que ayuda a los dueños de negocios pequeños con el manejo de sus negocios.

anualidades – inversiones que rinden pagos fijos por cierto número de años o indefinidamente durante la vida del dueño de la anualidad.

artículos de consumo – artículos y productos básicos negociados en la bolsa de valores, tales como los productos agrícolas.

asegurado – una persona que tiene su vida, propiedad, etc. asegurada en contra de perdidas.

asesor de capital neto – la persona quien aconseja a los inversionistas en cuestiones financieras.

asignación de activos – el proceso de dividir los dólares que has invertidos entre varias diversas opciones de inversión para ayudar a reducir el riesgo de inversión.

balanceado – estado equilibrado de las cosas.

bancarrota – el haber sido legalmente declarado incapaz de poder pagar tus deudas, por la cual tus pertenencias se administran para el beneficio de los acreedores y dividido entre ellos.

Billetes del Tesoro de los Estados Unidos (U.S. Treasury Bills) - también conocidos como T-bills es una deuda a corto plazo del Tesoro de los Estados Unidos, vence por lo general en 91 días, sin interés y vendido periódicamente en el mercado libre a base de descuento.

Bolsa de Valores de Nueva York – la organización que controla los asuntos relacionados con las operaciones de los valores mobiliarios de la bolsa de valores y el comportamiento de sus miembros.

bonos basura – una clase de bonos que se consideran generalmente inferior; por debajo del grado de inversión.

bonos– certificados con rendimiento de interés emitidos a ti por compañías o gobiernos que prometen pagar una suma específica en una fecha determinada.

Bonos del Tesoro de los Estados Unidos (U.S Treasury Bonds) – titulo de deuda a largo plazo con interés fijo del gobierno de los Estados Unidos con vencimientos de diez a 30 años.

capital- el valor de una propiedad por encima de la cantidad total que se debe en hipotecas, derechos de retención, etc.

capital– sumamente importante; tiene que ver con las riquezas; pertenencias y el dinero que una persona o compañía posee.

cartera de valores o inversiones – el conjunto de todas las inversiones de un individuo.

casa duplex – casa o edificio que consiste en dos unidades de vivienda separadas.

certificados de depósito (CD) – un certificado bancario que reconoce el recibo de una suma específica de dinero por un período de tiempo específico, ganando interés y el cual exige aviso por escrito para sacar el dinero.

corretaje de bolsa – una compañía que funciona como agente en la compra y venta de acciones y bonos.

crédito – dinero disponible por parte de un banco u otra institución de préstamos.

criterio social - tipo de fondo mutuo que invierte solamente en compañías consideradas responsables hacia el medio ambiente y la sociedad en general. Los fondos de criterio social a menudo no incluyen compañías de tabaco ni licor.

cuadrar o conciliar – determinar la cantidad en tu cuenta de cheques sumando y restando depósitos y cheques escritos y comparándolos con el estado de cuenta que recibes de tú banco cada mes.

Cuenta Personal de Jubilación (IRA) – un tipo de inversión para la jubilación donde la cantidad invertida y los intereses acumulados son diferidos.

chequera – el registro donde se escriben los cheques y depósitos hechos en una cuenta de cheques.

de primera calidad o (blue chips) – terminología que se utiliza para describir las compañías grandes y reconocidas consideradas líderes en su industria

débito – entradas o cheques que han sido escritos en una chequera que reducen la cantidad de dinero en dicha cuenta de cheques.

dependiente – un estudiante que depende de sus padres o guardianes para su apoyo económico.

deposito inicial – la cantidad en efectivo que un comprador paga hacia el precio total de una casa. Generalmente, la cantidad que queda pendiente, es decir (el precio de ventas menos el depósito inicial) será cubierta por la hipoteca residencial.

derecho de propiedad – una inversión que demuestra propiedad en una corporación.

descuento – el precio de un bono el cual vende por debajo de su valor nominal.

diversificar - variar o dividir las inversiones entre diferentes compañías, cartera de valores, tipos de inversión, etc. Una cartera de inversión diversificada puede disminuir la exposición del riego de invertir.

dividendo – dinero que se le paga a los accionistas como ganancias por invertir en una compañía.

empresario – una persona que organiza y maneja un negocio, asumiendo riego para obtener ganancias.

escala de impuestos – el porcentaje de impuestos que una persona paga basada en los ingresos anuales menos las deducciones permitidas.

establecer contactos – el intercambio de ideas e información con un grupo de personas o individuos.

filosofía – teoría o análisis lógico de los principios fundamentales de conducta, razonamiento, conocimientos y el origen del universo; la filosofía también incluye la ética, lógica, metafísica, etc.

financiamiento por el dueño - un préstamo de bienes raíces donde el dueño de la propiedad, es decir el vendedor, mantiene pertenencia de la propiedad. Éste recibe del comprador los pagos mensuales hasta que el comprador pague la propiedad por completo.

fondos mutuos – el conjunto (pull) de dinero de inversionistas que se invierte en varios valores mobiliarios determinado por un fideicomiso o por los objetivos de una corporación.

frívola – de poco valor o importancia, fútil, insignificante.

ganancia neta – ingresos o ganancias que te quedan después que los gastos han sido deducidos.

ganancias – la cantidad de interés o ganancias recibida de una inversión.

garantía de depósito – un acuerdo por escrito, como un certificado de bono o titulo de propiedad, puesto al cuidado de otra persona y no entregado o ni puesto en vigor hasta que ciertas condiciones se cumplan.

gastos - costos

hipoteca – la promesa de una propiedad a un acreedor como garantía para el pago de una deuda.

hipoteca bancaria convencional – una hipoteca adquirida a través de una institución bancaria reconocida con tasas de interés actuales.

hipotéticamente – basado en, concerniente, o que tenga índole de una hipótesis; asumir; suponer.

honorarios anuales – gastos anuales pagados por el dueño de un fondo de inversión al fondo de inversión para cubrir gastos de operación. También honorarios anuales cargados por las compañías de tarjetas de crédito.

implementar – llevar a cabo; cumplir; conseguir.

impuestos de seguro social – impuestos que se retienen de los ingresos de una persona que ayudan a pagar en caso de incapacidad y por los beneficios de retiro.

impuestos diferidos – un tipo de inversión donde los impuestos no se pagan hasta que la inversión se cobra.

incapacidad – eso que incapacita, como una enfermedad o lesión.

independiente – un estudiante de enseñanza postsecundaria el cual no depende de sus padres o guardianes para su fuente de ingresos.

Índice Dow Jones – 30 compañías muy capitalizadas, mayormente de la industria pesada, que aparecen en la Bolsa de Valores de Nueva York.

inflación – el aumento en el precio de los productos y servicios expresados como un tasa porcentual.

informe anual –una declaración publicada anualmente con respecto a al estado de una compañía.

informe de investigación – un informe con información valiosa acerca de las operaciones, capacidad crediticia, y del consejo de administración de la compañía

ingreso bruto - el ingreso ganado antes de quitarle los impuestos.

ingreso neto – la cantidad de ingresos que quedan después de haber pagado los impuesto.

ingresos disponibles – ingresos que quedan después de pagar todos los impuestos, los cuales están disponible para gastar.

ingresos no derivados de trabajo – ingresos que una persona gana de otro origen como acciones, bonos, fondos de inversión mutuos y cuentas de ahorros.

inquilino – persona que paga renta para habitar o usar un terreno, un edificio, etc.

instrumento de deuda – una inversión que es constancia de una deuda emitida por una corporación o gobierno.

inversionistas institucionales – inversionistas tal como grandes bancos y compañías de seguro que invierten grandes sumas de dinero y por lo general reciben trato preferencial con respecto a cargos de ventas, etc.

junta directiva – grupo de individuos elegidos para dirigir los negocios de una corporación o institución

lingotes – oro o plata moldeado en barra o en otra forma conveniente.

moda del momento – un fondo de inversión mutuo que es preferido por inversionistas debido a la enorme publicidad que se le ha dado. En inglés se le llama flavor of the month.

negociar – llegar a un acuerdo para, resolver o concluir (una transacción personal o comercial.

neto – la cantidad de dinero que queda después de pagar los impuestos.

novicio- una persona principiante en una actividad o profesión.

oferta publica inicial (IPO por sus siglas en inglés) – acciones emitidas para que personas las compren cuando una compañía necesita recaudar dinero.

oferta y demanda - una teoría económica que la cantidad de los productos y servicios (oferta) a la venta a un determinado precio se genera por el deseo de tener o usar (demanda) tal producto o servicio.

Pagaré del Tesoro de los Estados Unidos (U.S Treasury Notes) – título de deudas a corto plazo con interés fijo del gobierno de Estados Unidos con vencimiento de uno a diez años.

pérdida neta - la cantidad de perdida después de haber restado todos los gastos.

premediación de costos - la práctica de contribuir regularmente una cantidad de dólares específica hacia una inversión, digamos mensualmente. En teoría, el costo de comprar la inversión es un promedio, de modo que la persona no siempre está comprando las acciones a lo alta o baja.

primas – pagos regulares hechos para cubrir el costo de seguro. Las primas se pueden pagar mensualmente, trimestral, dos veces al año o anualmente.

principal - la cantidad de una deuda, inversión, etc., menos el interés, o de donde el interés se calcula; el valor nominal de acciones o bonos.

procrastinar – posponer hacer algo desagradable o trabajoso hasta más tarde; postergar.

propiedad que necesita reparaciones – una casa que necesita mejoras, así como reparaciones y remodelaciones, a fin de alcanzar su potencial de venta.

prospecto - una declaración por escrito que describe las características principales de un fondo de inversión mutuo. Un prospecto puede incluir la estrategia de inversión, gastos, honorarios, y la filosofía administrativa.

Reader's Guide to Periodical Literature (Guía para la Lectura de Publicaciones Periódicas) – herramienta de referencia disponible en la mayoría de las bibliotecas con listado de artículos y otros recursos.

reclamaciones - cuando un asegurado ha tenido perdidas y pide cobertura de su seguro.

résumé - un resumen de los trabajos anteriores, experiencia y educación de un solicitante de trabajo.

saldo final – la cantidad de dinero en tu cuenta de cheques que aparece hasta la fecha del estado de cuenta mensual.

seguro de vida a termino – un tipo de seguro de vida que no acumula valor en efectivo. Puesto que las primas de un seguro de vida a término solo pagan por el costo del seguro, las primas generalmente son bajas cuando la persona es joven y aumentan según la persona envejece.

seguro de vida vitalicio – un tipo de seguro de vida que acumula valor en efectivo que puede ser utilizado por el asegurado. Las primas de un seguro de vida vitalicio generalmente se mantienen igual según el asegurado envejece.

subvención – ayuda monetaria, por lo general de fuente gubernamental a una empresa privada que se considera de beneficio para las personas.

tenedor de bonos – persona que es dueño de bonos emitidos por una compañía , gobierno o persona.

trabajador por cuenta propia – una persona que es dueña de su propio negocio.

valor en efectivo– la cantidad de dinero que está disponible a un asegurado para su uso personal, mientras mantiene vigente la cobertura de seguro.

valor neto de los activos (NAV por sus siglas en ingles) – el valor de las acciones del fondo mutuo que se calcula restando los gastos incurridos por el fondo mutuo del valor de los activos en el fondo, y después dividiendo esa cantidad por el número de acciones en el fondo mutuo.

valor nominal - la cantidad de un bono sobre la cual se calcula el interés.

vencimiento - el momento en que un bono, etc. se vuelve pagadero.

yin y yang - una filosofía china, yin es la fuerza femenina, pasiva, negativa o ley en el universo que hace contraste con y es complementario con el yang, fuerza masculina, activa y positiva o ley en el universo. La filosofía china nos dice que para que el universo (y tú vida) funcionen debidamente, debe de existir un equilibrio de yin y yang.

FUENTES DE INFORMACIÓN ADICIONAL

Existen miles de libros acerca de las finanzas personales, manejo de dinero y bienes raíces; sitios Web y programas de radio y televisión. Aquí tienes algunos.

<u>Libros:</u>

Buffet, Warren. *How To Start Your Very First Business*. Downtown Bookworks, 2015.

Canfield, Jack. *The Success Principles*. HarperCollins Publishers, 2016.

Cramer, James. *Get Rich Carefully*. Penguin Publishing Group, 2014.

Hagstrom, Robert G. *The Warren Buffett Way*. Wiley, 2013.

Hanson, Charles W. *Resume Writing 2017*. CreateSpace Publishing, 2016.

Hill, Napolean. *Think and Grow Rich!* The Napolean Hill Think and Grow Rich Society, 2012.

Lynch, Peter. *One Up On Wall Street*. Simon & Schuster, 2000.

Mettling, Stephen and Cusic, David. *Principles of Real Estate Practice*. CreateSpace Publishing, 2014.

Osteen, Joel. *Think Better, Live Better*. Faithwords, 2016.

Robbins, Tony. *Unshakeable: Your Financial Freedom Playbook*. Simon & Schuster, 2017.

Yate, Martin. *Knock'em Dead 2017: The Ultimate Job Search Guide*. Adams Media, 2016.

FUENTES DE INFORMACIÓN ADICIONAL
(continuación)

Periódicos y Revistas:
Barron's
Bloomberg Business Week
Business Week
Consumer Reports
The Economist
Entrepreneur
Financial Times
Forbes
Fortune
Inc.
Investment Advisor
Investment Week
Investor's Business Daily
Kiplinger's Personal Finance
Money
Money Observer
Newsweek
Time
SmartMoney
U.S. News & World Report
The Wall Street Journal

Televisión:
Bloomberg News
CNBC
Jim Cramer's Mad Money